捧 读

触及身心的阅读

萧红传

你不热爱的日子都不是你的
XIAO HONG'S STORY

任丽群

著

河北人民出版社

石家庄

图书在版编目（CIP）数据

萧红传：你不热爱的日子都不是你的 / 任丽群著. — 石家庄：河北人民出版社，2020.7
ISBN 978-7-202-14779-5

Ⅰ. ①萧… Ⅱ. ①任… Ⅲ. ①萧红（1911-1942）—传记 Ⅳ. ①K825.6

中国版本图书馆 CIP 数据核字（2020）第 067209 号

书　　名	萧红传：你不热爱的日子都不是你的
著　　者	任丽群
责任编辑	王云弟
美术编辑	于艳红
责任校对	付敬华
出版发行	河北人民出版社（石家庄市友谊北大街330号）
印　　刷	天津鑫旭阳印刷有限公司
开　　本	889 毫米×1194 毫米　1/32
印　　张	9
字　　数	180 000
版　　次	2020 年 7 月第 1 版　2020 年 7 月第 1 次印刷
书　　号	ISBN 978-7-202-14779-5
定　　价	69.00 元

版权所有　翻印必究

萧红

不错,我要飞,但同时觉得……我会掉下来。

——萧红

目 录

第一章

呼兰河畔　精灵降生

001

第二章

童年后园　家与坟冢

009

第三章

求学路上　艰难抗争

021

第四章

既无牵挂　不如离去

033

第五章

离去归来　往复之路

041

第六章

阁楼尽头　命中相遇

057

第七章

困苦跋涉　患难与共

073

第八章

走向人群　崭露头角

089

第九章

离别故土　踏上异乡

103

第十章

上海滩头　携手前行

111

第十一章

文坛新星　声名鹊起

125

第十二章

同床异梦　伤痕难愈

137

第十三章

异国他乡　沙粒飞扬

149

第十四章

归期有期　告别不及

163

第十五章

三人成行　枝节横生

177

第十六章

一场相识　两种人生

193

第十七章

❋

深渊尽头　后会无期

207

第十八章

❋

孤独辗转　无枝可依

227

第十九章

❋

嘉陵江畔　短暂安宁

239

❋

第二十章

❋

北雁南飞　归途渺渺

253

第二十一章

❋

战火纷纷　无声告别

267

❋

第一章

呼兰河畔　精灵降生

❋　❋　❋

呼兰河的人们就是这样,冬天来了就穿棉衣裳,夏天来了就穿单衣裳。就好像太阳出来了就起来,太阳落了就睡觉似的。

——《呼兰河传》

❈ ❈ ❈

一百年前的呼兰河，还只不过是万千条大江大河中一条默默无闻的小支流，自是没有松花江的磅礴壮阔，也没有文人雅士为其写过流传后世的颂歌。一方水土养一方人，这条静静流淌的河流哺育着沿岸的生灵，日日夜夜无言地旁观着这尘世间再平常不过的生老病死。

萧红出生的呼兰县城，便坐落于呼兰河口，是呼兰河汇入松花江的地方。而今烟波浩渺的呼兰河口湿地，业已成为一处风光大好的旅游景区，更借助"萧红"这个名字，吸引着无数慕名而来的游客。

一座城市可以因为一个人而闻名遐迩，一个人也会因为一座城市改变一生，呼兰之于萧红即是如此。

一九一一年六月一日，萧红出生于呼兰县城的张家大院。那一年被人们称为辛亥年，那一天是端午节。彼时时值初夏，万物生长，在这个一年中最富激情的季节里，整个中国暗流涌动，巨大的社会更迭，以势不可当的姿态冲击着陈腐不堪的旧中国。但小城呼兰的人们似乎不大在意这些，他们似乎什么都不大在意。他们只在意明天是否能活下来，下一顿是否能吃上一口饱饭。

正如萧红在《生死场》里所描绘的那样：在乡村，人和动物一起忙着生，忙着死，仿佛与外界的一切都不大相干。

外界的动荡，革命的信号，新世界的空气，都像被隔了层屏障似的，永远也吹不到这个偏远的边陲小镇。人们就像不会在意路边的花花草草一样，也不会在意人世间又多了一张吃饭的嘴。

萧红的降生对于张家来说似乎并不是什么值得大肆庆贺的事情，并且作为呼兰张家最早降生的长女，萧红在此后的十几年里一直都没有享受到什么集万千宠爱于一身的特别对待。这一切当然与那个时代里再平常不过的重男轻女思想有关，但更深一层的原因，则在于张家复杂的家庭结构。

张家的发迹史开始于乾隆年间，是呼兰有名的大户人家。

乾隆年间，山东接踵而至的天灾人祸导致众多农民不幸破产，流离失所，张家的祖上张岱也在其中。迫于生计，张岱不得不另谋生路——加入当时的闯关东大军当中，从山东省东昌府先后迁徙至辽宁、吉林等地，最后在吉林榆树县安了家。

张岱与妻子章氏育有三儿三女。他教育儿女树立勤恳开拓的精神，他将振兴家族的愿景寄托于儿女，而他们也并未让父亲失望。

嘉庆年间，张岱的长子张明福、次子张明贵迁往哈尔滨阿城"跑马占荒"，三子张明义则在成年之后选择去往哈尔滨宾县开荒垦殖。不久之后，张氏家族分别在阿城、宾县、绥化、克山、巴彦、呼兰等地拥有几百公顷土地，而东北这片点土成金的肥沃土壤给予他们的馈赠并不止于连年丰收的粮食。

除了占地开荒，张家还充分利用经济优势大量购置房产、地产，并善用农产品发展加工业。不仅开办酿酒厂、炼油厂，甚至涉足钱庄、当铺、杂货铺等产业，短短几年之内，张氏家族就成为不折不扣的新兴汉族大地主家族。

当时的张家势力有多大呢？举例来说，张家所在的阿城福昌号屯就是以张明贵的三儿子张弼所创办的酿酒厂"福昌明"命名的。道光年间，张弼只身来到呼兰经商，他精通商道，且懂医术，在当地有不少货铺。张家另外几支族人也经商有道，此时张家的势力几乎是横跨辽宁、吉林、黑龙江三个省份，其名声之响，财力之强，让当地地方官都要对他们礼遇有加。

张氏家族的兴盛在第三代人手中达到了顶峰，而这代人也经历了前所未有的波折和困顿——逐渐扩大的家业和随之而来的家族内外的纷争，无时无刻不在侵蚀着他们有限的精力，以至于张家第三代男丁多数英年早逝。然而，他们兢兢业业燃尽生命之烛换来的却是张氏家族的枝繁叶茂和威名远播的势力。

张家的发迹史和衰败史在东北地区是相当普遍的现象，事实上，东北人口有相当大一部分来自清代中后期的移民大潮。大概正是这段悠久的移民史，使得世世代代的东北人的基因中埋下习惯漂泊流浪的不羁情怀和勇于开疆扩土的坚忍豪迈。萧红作为一个生长于东北的女性，能够拥有走出家庭、走遍了大半个中国的魄力，也许正与这血液里流淌的自由因子有关。

尽管如此，张家也还是像无数湮灭于历史长河中的家族一样，没能逃过"富不过三代"的诅咒。这庞大的家业传递到第四代人手中时便开始显出难以挽回的颓势来。大抵是富庶优渥的生活过久了，便磨去了他们的斗志，张家第四代的子弟多数平庸，其中也包括萧红的祖父张维祯。

张维祯，字武祥，是张弼的独子。张维祯性格温吞懒散，虽然爱好读书写字，但在学业上却一无所成；成年后帮助父亲料理家中产业，却对这些随时需要打理盘算的事物也兴味索然。张维祯这一生仿佛对一切事物都缺乏天赋，以至于大半生都是在闲赋中度过。

张维祯中年时，张家分家，张维祯随父母迁往呼兰。即便已经分了家，张维祯一家也是相当富庶的，依然拥有四十余公顷土地，几十间房屋，还有几间手工作坊，足以支撑一个大家族的开销。

张维祯自小就既不重名利也不爱钻营，早就习惯了自由散漫的生活，甚至连日常起居都处理得马马虎虎。他因为这样的性格难以避免地常被伙计、朋友坑骗，相继败掉家中的酒厂、油坊等好几处产业，最后只剩下家中宅院和几十垧土地。

值得庆幸的是，张维祯有个还算精明强势的妻子范氏。眼见丈夫根本没有能力撑起一家十几张吃饭的嘴，她也就不得不接过管家的重担，独自料理家中的大小事务，努力让张家仅凭种地和收租也能将日子过得有声有色。

张维祯夫妇原本育有三女一子，但是儿子不幸早夭——这是他们人生中最大的遗憾。随着年龄增长，女儿们相继出嫁，他们越发感觉到没有儿孙欢笑声的院子里满是孤寂和苦闷，在那个极为重视延续香火的时代，家业无人继承成为一块巨大的石头压在老两口心头。后来，张维祯的堂弟张维岳将三儿子张廷举过继给了张维祯夫妇。

张廷举三岁时丧母，及至十二岁被过继给张维祯夫妇，他的童年经历我们实在不得而知，但小小年纪便相继面对死别生离，这样的人生经历对其性格也造成了很大的影响。

张廷举虽然成为张维祯的养子，却并未习得养父懒散的性格，他从小勤奋好学。养母范氏认为读书无用，张廷举在家中大闹一场并最终取得胜利，继续念书。在学习深造的道路上，张廷举顶着优等生的头衔一路从黑龙江省立优级师范学堂毕业。因为热衷于研究学问，张廷举最终投身教育事业，没有继承家业经营家产。

张廷举二十一岁毕业后，在汤原县农学院做教员，不久后辞职回到呼兰担任农工学堂教员兼改良私塾总教员。彼时，他的父母已经在为其谋划着娶妻生子的人生大事了。范氏老早就相中了同为呼兰大户姜文选的长女姜玉兰，并且在姜玉兰十九岁那年就托人到姜家提亲，然而姜文选作为当时呼兰有名的饱学之士，免不了有些文人高傲的心气，也因为对张家这个长子不甚了解，便一直未对这门亲事给予回应。

精明的范氏并不会因为这点小困难退缩。她通过多方打听，得知姜文选对未来女婿的要求仅有"门当户对，人能读书"八个字后，惊喜地发现这简直就是为儿子张廷举量身定做的一样，所以在此后的接触中，老太太底气十足，不断向姜家透露儿子的优秀之处。姜文选自此对张廷举也相当满意，两家的亲事便也成了呼兰县城的一段佳话。

一九〇九年八月，二十一岁的张廷举与姜玉兰结婚，这段典型的旧式婚姻虽然只有十年却着实平静而幸福。姜玉兰颇有几分婆婆范氏的做派——精明干练。她不但人长得清秀，更能做得一手漂亮的绣活儿，在父亲的熏陶下，她的言行举止也处处显示着大家闺秀的从容大气。更主要的是，她身上似乎并没有什么大小姐的娇气，嫁到张家后相当勤恳，从操持家务到侍奉公婆，没有一点儿让人挑出毛病的地方。

当时从事教育工作的张廷举与妻子结婚后，因为忙于公务，常年在外，直到婚后第三年才有了第一个孩子。这个孩子对于当时人丁单薄的张家来说，无疑已经从一个具象的胎儿升级成了承载着巨大希冀的愿望容器，里面是中国人千年来对于传宗接代的悠久执着。

一九一一年六月一日，萧红就在这样千般万般的盼望中降生了。当然，当她紧闭双眼攥着拳头啼哭着降临到这座空旷的院落时，却像是一盆凉水浇在张家人头上。张家实在是太需要一个男孩来驱走这满院子的冷清和暮气了，但显然，萧红没有资格满足这份热切的盼望。

在东北，老一辈有"男占二五八，女占三六九"的迷信说法，意思就是，男孩的生日里带着二、五、八，女孩生日里带着三、六、九，才算是这一辈子吉祥顺遂的开端。萧红在端午节这天出生，家里迷信点儿的人都觉得这是相当不吉利的，为此他们甚至曾擅自将萧红的生日改成了五月初六。萧红长大懂事后才得知这件事，这对于一向追求自由的萧红来说自然是无法接受的，她又将自己的生日改了回来。

被专横地篡改过的除了生日还有萧红的名字。张家第四代时确立了自家家谱和取名诗："维廷秀福荫，麟凤玉芝华。道成文宪立，德树万世嘉。"萧红作为张家的第六代子孙，家人遵从"秀"

字辈为其取名为张秀环，小名荣华。但是这个名字并没有使用太久，便因为萧红父母带其回娘家时，萧红二姨姜玉环得知两人使用同一个"环"字后，以觉得会冲撞自己为由不依不饶地要求改掉，因而外祖父姜文选便为她改名为廼莹。从此，张廼莹便成为张家这个长女的正式姓名。

这一切波折似乎都在证明着萧红注定与这个家庭格格不入，然而这些小小的不公似乎也没有那么重要，毕竟在此之后的漫长岁月里，没有人会因为她生于端午而觉得不吉利，也不会有人在意她到底叫秀环、廼莹还是荣华，人们只会记住她自己为自己取的名字，和她留下的传奇。

第二章

童年后园　家与坟冢

❋　❋　❋

呼兰河这小城里住着我的祖父……等我生来了，第一给了祖父无限的欢喜，等我长大了，祖父非常的爱我。使我觉得在这世界上，有了祖父就够了，还怕什么呢？虽然父亲的冷淡，母亲的恶言恶色，和祖母用针刺我手指的这些事，都觉得算不了什么。

——《呼兰河传》

❋ ❋ ❋

萧红的出生带给这个家庭的失望太过显而易见，以至于当她回忆起自己的家时，曾毫不留情地一言以蔽之："我的家是荒凉的。"

对于萧红来说，父亲，或者说是父权，是长久地笼罩在家庭上空的阴影。这片灰暗的阴影冰冷、沉重、恐怖，是一切幸福与自由的剥夺者，她常常想要在反抗或是逃离的时候冲撞得头破血流。

然而，我们抛开萧红文字里的主观因素，去仔细审视张家十几年的变迁，不难发现，其实张廷举所经历的一生也实在称不上是幸福美满，纵然他也曾努力地想妥善经营这个家。

我们先前提过，张廷举三岁时便失去生母，在继母的抚养下长大，又在十二岁这个正值叛逆且早已懂得人情世故的年纪被过继给自己的堂伯父，这些变故不可能对其毫无影响。而在此后的十几年里，张廷举又先后经历了丧母（养母）、丧子、丧妻的多重打击，抛开一家之主的身份，张廷举也仅仅是个普通人，没有铁打的身心来云淡风轻地承受这一切。

偏偏几位至亲的离去都发生在萧红的童年时代，这些巨大的变故让张廷举的性格越发阴郁暴躁，对待家人难免冷淡疏远，缺乏耐心，越发称不上是个合格的父亲和儿子。而由这一切所导致的父爱的缺失在萧红幼小心灵中留下的烙印却是难以磨灭的，以至于在她后来的作品中，关于父亲的描写字里行间几乎都是疏远和失望。

萧红六岁那年，祖母范氏去世，自此之后，治家理财的重担正式落在了张廷举身上。而事实上，张廷举这方面的经验与天赋甚至还不如养父张维祯。面对张家大量的产业和一屋子等着吃饭的人，他简直到了束手无策的地步，甚至曾经为了开销变卖家中土地。

萧红曾在她的散文《永久的憧憬和追求》中写道：

> 父亲常常为着贪婪而失掉人性。他对待仆人，对待自己的儿女，以及对待我的祖父都是同样的吝啬而疏远，甚至于无情。

接手管家的工作后，张廷举对租客的冷漠几乎达到了不近人情的地步，他曾经因为租客交不出租金而执意要牵走对方的马，租客不得已跪下向张维祯求情，张廷举仍然不肯交还马匹，甚至为此与父亲大吵大闹。这种无情不仅表现在他日常生活中的冷漠刻薄，更表现在他将亲情当作辅助事业、振兴家业的筹码，不顾萧红的想法而将其嫁给位高权重的汪家。

萧红八岁那年，母亲姜玉兰在生下三儿子连富几个月后，感染霍乱去世。

母亲的去世意味着萧红童年的提早结束。

年幼的萧红目睹了母亲的去世，那些历历在目的场景而今读来依旧令人心痛。

> 母亲并不十分爱我，但也总算是母亲。她病了三天了，

是七月的末梢，许多医生来过了，他们骑着白马，坐着三轮车，但那最高的一个，他用银针在母亲的腿上刺了一下，说：

"血流则生，不流则亡。"

我确确实实看到那针孔是没有流血，只是母亲的腿上凭空多了一个黑点。医生和别人都退了出去，他们在堂屋里议论着。我背向了母亲，我不再看她腿上的黑点。我站着。

"母亲就要没有了吗？"我想。

大概就是她极短的清醒的时候：

"……你哭了吗？不怕，妈死不了！"

我垂下头去，扯住了衣襟，母亲也哭了。

而后我站到房后摆着花盆的木架旁边去。我从衣袋取出来母亲买给我的小洋刀。

"小洋刀丢了就从此没有了吧？"于是眼泪又来了。

姜玉兰曾生育过四个孩子，分别是女儿萧红，儿子富贵、连贵、连富，但不幸的是富贵和连富过早夭折，只剩萧红和连贵（即张秀珂）长大成人，遗憾的是儿女们长大成人的过程她没能参与见证。

我们对姜玉兰的一生不甚了解，但从历史上关于她的寥寥数笔中也能看出，这个在父母之命、媒妁之言中顺从地嫁人，在接连不断地生育后悄无声息地死去的女人，与浩瀚的女性历史长河中那些没有姓名的女人毫无二致——成为合格的妻子和母亲是人生唯一的价值，哺育和持家是人生的主要职责。整日围着丈夫转，围着孩子转，围着灶台转，一生走不出院落里的一亩三分地。

当然，我们不能说这种奉献不伟大，但问题却在于，那时候的妻子和母亲们并不认为这是牺牲和奉献，而把这一切当作理所当然。正是因为她们从不认为自己终其一生都未必能料理好的"小小事业"足够伟大，才极力将这未完成的事业塞到下一代的子女们手中，美其名曰"传承"。

妻子的离世对张廷举来说无疑是五雷轰顶一样的打击，一边是不足周岁嗷嗷待哺的孩子，另一边是一家老小无人照管的起居饮食，张家在失去第二位女主人后几乎陷入了瘫痪的状态。

而更令人难以承受的是，在母亲去世后不久，萧红的三弟连富也因病夭折。

萧红母亲去世后，父亲的脾气变得更加让人恐惧，哪怕"偶尔打碎了一只杯子，他就要骂到使人发抖的地步"。于是在年幼的萧红心中，父亲俨然已经成为这个家庭的暴君。

但张家没有女主人的日子并不长，在姜玉兰去世满百天之后，张廷举便因为实在无法支撑家务而很快续弦。他的第二位妻子名叫梁亚兰，是呼兰梁家尚未出阁的长女。在梁亚兰嫁到张家前，梁父还对张廷举的二婚身份颇有微词，但看在其家世和工作都不错，还是认可了这个女婿。梁父在女儿出嫁前还曾再三叮嘱梁亚兰，一定要善待先房的两个孩子，因为梁亚兰的身世与萧红父女颇为相似，都是幼年丧母的可怜人。

而梁亚兰婚后也并未将父亲的嘱托抛诸脑后，在刚嫁到张家时，她对萧红姐弟态度很好，也尽己所能地善待他们。但她仅年长萧红十三岁而已，作为一个并未有过生育经验的年轻女性，她所能做到的也并非面面俱到。总之，梁亚兰并非人们惯常思维中的"恶毒继母"。

但萧红还是感觉到了继母与生母的不同，就算是再怎么优待，缺乏血脉支撑的关系仍是客气中带着疏离的。萧红对继母最大的不满来自于她无时无刻不在"小报告"而间隔了他们姐弟与父亲的关系。继母对萧红姐弟所有的出格的行为都看在眼里，但碍于身份不愿意亲自管教，于是便一五一十地告诉父亲，接着他们便会遭受父亲狂风暴雨般的严厉管教，这是祖父也不能插手的。

梁亚兰对张家的贡献是巨大的，她婚后育有三子二女，着实是让张家实现了人丁兴旺的心愿，即使当时的张家经济早已每况愈下，日子也一天天地颓败下去了。有了自己的孩子之后，梁亚兰无暇顾及萧红姐弟，以至于弟弟张秀珂在祖父染上烟瘾无法照料自己后不得不搬到下屋与厨子同住。

继母的出现为萧红在还未走出丧母之痛的同时又添了一道阴影，使萧红与父亲本就疏淡的关系更加紧绷。萧红的整个童年都有一种落寞暗淡的色彩。

幸运的人一生都在被童年治愈，不幸的人一生都在治愈童年。

父爱与母爱的双重缺失对萧红的性格造成的缺陷是难以愈合的，这种性格缺陷在其以后的人生中显著的表现就是极度敏感、缺爱。所以在此后的生活中，萧红不断地恋爱、结婚，似乎是试图通过在两性的情感中找回童年时缺失的父母之爱。

纵使在萧红的笔下，张家那座偌大的院落仿佛一座食人骨髓的冰窖一般，但因为祖父的存在，萧红的童年其实要比多数同龄人要幸福快乐、无忧无虑得多。

萧红虽然无法成为张家血脉的传承者，但作为一个天真无邪的孩子，她的出生还是给这个冷清了许久的家庭带来了几分生气。祖父张维祯更是在许久的寂寥中为这个孩子的到来而十分欣喜，他也成了萧红在这个家里最大的靠山，带给她最多的温暖，甚至是溺爱。

祖父是萧红那段晦暗的童年时光里唯一可以依仗的温暖和光亮。张维祯对于幼年丧母的萧红姐弟极为怜爱。年幼的萧红自然不懂人情世故，只知道玩乐，年老的张维祯早已对料理家事不怎么过问，终日安闲自在，从此一老一小游离于这个沉闷的家庭边缘，成为张家后园里的独特风景。

萧红笔下的张家后园宛若传说中的世外桃源，也是萧红无数个午夜梦回再也回不去的仙境，只能留在记忆里和文字中。

她曾在《呼兰河传》中写道：

> 我家有一个大花园，这花园里蜂子、蝴蝶、蜻蜓、蚂蚱，样样都有。蝴蝶有白蝴蝶、黄蝴蝶。这种蝴蝶极小，不太好看。好看的是大红蝴蝶，满身带着金粉。蜻蜓是金的，蚂蚱是绿的，蜂子则嗡嗡地飞着，满身绒毛，落到一朵花上，胖圆圆的就和一个小毛球似的不动了。
>
> 花园里边明晃晃的，红的红，绿的绿，新鲜漂亮。
>
> 据说这花园，从前是一个果园。祖母喜欢吃果子就种了果园。祖母又喜欢养羊，羊就把果树给啃了。果树于是都死了。到我有记忆的时候，园子里就只有一棵樱桃树，一棵李子树，

为因樱桃和李子都不大结果子，所以觉得他们是并不存在的。小的时候，只觉得园子里边就有一棵大榆树。

　　这榆树在园子的西北角上，来了风，这榆树先啸，来了雨，大榆树先就冒烟了。太阳一出来，大榆树的叶子就发光了，它们闪烁得和沙滩上的蚌壳一样了。

在萧红的记忆里，祖父是高大的，爱抽旱烟，手里常常拿个手杖，有双笑盈盈的眼睛，总是笑得像个孩子一样，对人慈祥和蔼，很少发脾气。

萧红出生时，祖父已经六十有余，巨大的年龄差距反而拉近了祖孙两人的距离。萧红四五岁时，就整日跟在祖父身后玩耍，亦步亦趋地学着祖父做事。

春天，祖父在后园里栽花、种菜、拔草，萧红便跟在祖父身后栽花、种菜、拔草；祖父戴着大草帽，萧红便戴着小草帽；祖父拿着锄头铲地，萧红因为拿不动锄头，便只拿着锄头的"头"趴在土地上一阵乱勾，常常铲掉了庄稼，留下了草。

夏天来了，院子里花鸟鱼虫蜂拥似的都醒了，后园里便一下子成了萧红的天堂，采花蕊，捉蚂蚱，追蜻蜓，或者是给忙着打理园子的祖父捣乱，每一样小事都其乐无穷。

那时候天空悠蓝高远，祖父身体安康，一切花草树木、飞禽走兽都是那么的自由自在，世间万物在萧红这个孩童的眼中都是美好绚烂的。

在回忆那段时光时，萧红写道：

  花开了，就像花睡醒了似的。鸟飞了，就像鸟上天了似的。虫子叫了，就像虫子在说话似的。一切都活了。都有无限的本领，要做什么，就做什么。要怎么样，就怎么样。都是自由的。倭瓜愿意爬上架就爬上架，愿意爬上房就爬上房。黄瓜愿意开一个谎花，就开一个谎花，愿意结一个黄瓜，就结一个黄瓜。若都不愿意，就是一个黄瓜也不结，一朵花也不开，也没有人问它。玉米愿意长多高就长多高，它若愿意长上天去，也没有人管。蝴蝶随意地飞，一会儿从墙头上飞来一对黄蝴蝶，一会儿又从墙头上飞走了一只白蝴蝶。它们是从谁家来的，又飞到谁家去？太阳也不知道这个。

对于祖母，萧红的印象不算太好，只记得些不大愉快的经历。
  从萧红的文字中便可窥之，作为家里执掌大权的人，祖母在张家的权威是相当大的。张家的后园变成果园，因为祖母当时喜欢吃果子；祖母喜欢养羊，便任由羊啃秃了果蔬的皮；再后来，祖母喜欢吃饺子，院子里便又种满了蔬菜。
  强势的祖母常常不满于祖父的懒散木讷，时不时便骂他"死脑瓜骨"，顺带也骂萧红"小死脑瓜骨"，每到这时候，萧红便拉着祖父到后园找清净。

  我拉着祖父就到后园里去了，一到了后园里，立刻就是另一个世界了，绝不是那房子里的狭窄的世界，而是宽广的，人和天地在一起，天地是多么大，多么远，用手摸不到天空，而土地上所长的又是那么繁华，一眼看上去，是看不完的，只觉得眼前鲜绿的一片。

萧红在一篇文章中提起过，自己小时年幼淘气，常常出于恶作剧的心理在家里搞破坏。某一天，她瞧上了祖母屋里窗子上崭新洁白的窗户纸，便一格一格地将窗户纸捅破，殊不知那些窗户纸是极为珍贵的。祖母为了阻止她的小小恶行，就拿着针等在窗户外面，待萧红伸手去捅窗户纸的时候，手指便正好扎在针上。十指连心的疼痛令萧红一生都难以忘怀。

祖母酷爱出门逛街，每次祖母出门前，萧红都央求祖母给自己买个新皮球回来，祖母每次都好好答应着，但从来没有真正买过。为此，年仅六岁的萧红曾负气出走，结果没走多远便迷了路，卖皮球的店铺没找见，就连家门也一齐找不见了，直到后来拜托洋车师傅送自己回了家。但是好心的洋车师傅将萧红送回家后，不但没有受到张家人的感激，反倒挨了祖父一巴掌之后被赶走了。萧红为祖父的暴行感到愤怒，也因此一度和祖父产生了隔阂。

祖母去世后，萧红就搬进祖父的屋子里住。此时萧红已经到了该念书的年纪，祖父便开始教萧红念书识字。

萧红曾这样描述跟着祖父学《千家诗》的情景：

> 早晨念诗，晚上念诗，半夜醒了也是念诗。念了一阵，念困了再睡去。

年仅六岁的萧红,自然不可能懂得那些古诗背后的含义,只知道祖父念一句,自己便跟着念一句。她只觉得这朗朗上口的诗词读起来别有风味,相当好听,便扯着嗓子大声地读,因为这个还时常被祖父责骂:"房盖被你抬走了。没有你这样念诗的,你这不叫念诗,你这叫乱叫。"

当"春眠不觉晓"的音调在张家后园四下翻飞的时候,萧红常常因着诗背得好来被客们夸奖。

只知其诗不知其意自然不是长久之计,在摇头晃脑地背了一段时间诗后,祖父开始给萧红讲述这些诗文背后的意思。

当讲到"少小离家老大回,乡音无改鬓毛衰"这句时,萧红便觉得不大好,问道:"我也要离家的吗?等我胡子白了回来,爷爷你也不认识我了吗?"祖父便笑着答:"等你老了还有爷爷吗?"

虽然对祖母感情淡薄,但祖母的去世在萧红单纯的世界里已经形成世间生离死别的模糊轮廓。尽管祖父的眼睛仍是笑盈盈的,但却一天天失去生命的光彩。萧红在与祖父日复一日的相处中也渐渐感觉到时间在祖父身上留下的痕迹,那些无忧无虑的日子终究会成为过去,并在遥远的过去蒙上暗淡的尘埃,永远也无法回头擦拭。

《千家诗》和祖父声情并茂的讲解,则是对萧红最初的文学启蒙。就是在那些"吼破房盖"的摇头晃脑的诵读中,文学的种子在萧红小小的心灵中得以萌芽,萧红诚然是个天才的作家,而这份天赋也建立在命运赐予她的苦难之上。

张家的后园是萧红对生命之明艳的最初体验,正是那些招猫逗狗、上房揭瓦的经历，让萧红感受到自然的美和生命的力量，让这颗本可能会在深宅大院里渐渐麻木冷却的少女之心始终以最明快的节奏跳动着，并用她对生命最真挚的爱感染着后来的人。

　　无数成功的作家都赞成"不幸的童年更能造就一个出色的作家"这个观点。除却后园里无忧无虑的美好时光，萧红也见过张家大宅里阴冷的人性、疏离的人情、无常的世事，她短暂的童年几乎是在接二连三的丧事中度过的。尽管当时懵懂如她尚不能理解什么是真正的生离死别，但毕竟目睹了祖母由炕上被挪到床板上那再无生气的苍白面容；目睹着大夫们在母亲床前回天乏力的叹息；目睹着家中一次次从灵棚中飘荡出的白布和身上总是戴不完的孝……

　　正是这一切将萧红一颗本该茁壮成长的幼小心灵磨损得敏感脆弱，而这些复杂多样的经历也成了萧红用之不竭的灵感源泉。

第三章

求学路上　艰难抗争

❋　❋　❋

假山上面的雪消融了去，校役把铃子也打得似乎更响些，窗前的杨树抽着芽，操场好像冒着烟似的，被太阳蒸发着。上早操的时候，那指挥官的口笛振鸣得也远了，和窗外树丛中的人家起着回应。

我们在跑在跳，和群鸟似的在嘈杂。带着糖质的空气迷漫着我们，从树梢上面吹下来的风混和着嫩芽的香味。被冬天枷锁了的灵魂和被束掩的棉花一样舒展开来。

——《手》

❋ ❋ ❋

在对待萧红的教育问题上,张家出现了一个很有趣的现象:萧红父母二人一个是有头有脸的教育工作者,一个是著名教育工作者的后代,两人却一手耽搁了萧红的教育。

萧红母亲姜玉兰的娘家是名副其实的书香门第,其父姜文选是当地有名的私塾老师,因为才学过人而被当地人尊称为"姜大先生"。然而或许是被浸泡在旧式教育中太久,"女子无才便是德"这样的思想似乎在姜玉兰心中早已成为人生的准绳,并且深深刻进骨子里,所以她一直不赞成萧红上学。

由于母亲的极力阻挠,萧红到了八岁仍然没能进入学堂读书。直到母亲去世,反倒是在继母的全力支持下,九岁的萧红才能够进入家对面的龙王庙小学读书,这也造成她比同龄人晚了三年入学。事实上,萧红得以进入这所学校,也实在是因为这间新开设的学校离家太近——仅仅一街之隔,这所小学也就是后来的萧红小学。

萧红在龙王庙小学念了四年之后,于一九二四年转入县立高小。此时十四岁的萧红已经婷婷而立,像当时其他的民国女学生一样,穿着阴丹士林布的蓝上衣、黑布裙子,白袜子和黑布鞋,周身洋溢着青春的气息,并没有什么大户人家小姐的另类样子。

学校的生活对聪明伶俐且向往自由的萧红来说简直是如鱼得水。

萧红酷爱读书,且语言天赋异常突出。有一次,呼兰突发暴雨,造成许多贫民流离失所,更有农民抱着孩子逃难而不幸落水溺死的惨剧发生。随后，教育局视学董先生出了一道名为《大雨记》的作文题目，萧红便将农民溺死这件事写进文章，文笔优美，情真意切，看过作文的老师们都对萧红的才气赞不绝口。可见，那时萧红就已经懂得切身体会人世间的悲苦了。

一九二五年五月三十日，著名的五卅运动在上海爆发，革命的热潮迅速蔓延全国。六月初，哈尔滨的一些进步团体开始响应革命号召，呼兰县城的青年学生、工人们也开始上街游行，十五岁的萧红也身在其中，并且表现得相当激进。

萧红弟弟张秀珂在回忆起姐姐这段往事的时候写道：

> 闺女，顾名思义，是房门里的女子，即所谓大门不出、二门不入的闺秀。可是姐姐却像一匹不驯服的小马，横冲直撞，不受封建礼教的束缚，好像她天生不懂规矩似的。那时候姑娘要扎一条长辫子，穿上拖到脚面的旗袍，走起路来必须步履姗姗，否则就是不懂规矩，缺少管教，甚至说成是大逆不道。

七月正值学生暑假，萧红有大把的空闲时间无处打发，她便主动加入到爱国运动的募捐活动中。尽管当时示威游行热潮高涨，但人们对于呼兰城里的高门大户们仍是望而生畏，没人敢去叨扰。萧红却主动请缨，领着当时的好友傅秀兰到大地主家里给姨太太们讲时事，求募捐，最终成功募到了一元钱。

当时，呼兰县学生联合会在西岗公园举行联合义演，萧红参演了反对封建婚姻的话剧《傲霜枝》。这一切都像命运的安排一样，在不久的将来，戏剧中的故事将在她的生活中上演。

萧红为了表示与封建礼教的决裂，在一片反对声中毅然剪掉了长辫子，留起齐耳的短发。她带领着其他勇敢的女学生专门上街"抛头露面"，从街头走到街尾，对人们的议论毫不在意。在萧红的鼓动下，很多同龄女孩开始剪辫子，萧红为了鼓舞士气甚至亲自帮她们剪。

这场轰轰烈烈的爱国运动持续了两年，这两年内，学生罢课、工人罢工的事件此起彼伏，萧红也在此之间完成了高小的学习。正是这段学习和革命经历，让萧红看到了女性的另一种可能性，那是一种不再囿于庭院和灶台的生活，所以萧红毕业后决心继续读书深造，去看看更加广阔的世界。

萧红表达了要继续读书的想法，却遭到了父亲和继母的极力反对，萧红在一篇散文中曾提到自己想要上中学时父亲的反应：

> 又过一年，我从小学卒业就要上中学的时候，我的父亲把脸沉下了！他终天把脸沉下。等我问他的时候，他瞪一瞪眼睛，在地板上走转两圈，必须要过半分钟才能给一个答话："上什么中学？上中学在家上吧！"

以张家当时的经济条件，萧红想念一辈子书都不会有什么太大的难题，倘若只是经济难题，或许还能找到解决的办法，但真正的问题出现在父亲的观念上。

萧红的父亲张廷举在当时的呼兰乃至哈尔滨也算得上是教育

界里叫得出名字的人物，他对萧红的教育问题之所以态度如此消极，正是因为他作为一个经历过新式教育的人，自然深知学校里那股激进的自由之风。当时的哈尔滨虽然比不上北京、上海，但也是相当开放进步的大都市，张廷举了解女儿强势张扬的性格，认为她身处其中必然一拍即合。

然而萧红是绝对不能够在学校里自由恋爱的，因为早在一九二四年，也就是萧红刚刚升入高小时，张廷举就已经给萧红订好了亲事，对方是时任呼兰县保卫团团长的汪廷兰的次子汪恩甲。一个是家境优渥的教育局要员之女，一个是实力不俗的保卫团团长之子，这门亲事在当时人们的眼中实在是门当户对、天作之合。张汪两家的结合更是两股政治力量的强强联合，对张廷举和汪廷兰的仕途都大有裨益。

如果萧红在中学里真的做出什么出格的举动，张家便无法向汪家交代，张廷举本人的发展也势必会受到影响。萧红的继母梁亚兰也早就想让先房的女儿快点出嫁，也好了了自己的一块心病。

然而这桩看起来相当合适的婚事却从来没有人问过当事人的意见。想来也可以理解，张廷举及祖祖辈辈的婚姻都是父母之命媒妁之言来的，延续了上千年的传统到了当下突然要被"婚姻自由，恋爱自由"这样的观念取代，任谁都难以接受。

况且，张廷举眼看着刚上高小的萧红就已经有胆子剪短发上街游行"闹事"了，倘若继续放任下去，还不知道这个女儿在外面会惹出多少是是非非来。在张家家长们的眼里，这样抛头露面丢人现眼的事情实在不能再发生了，连萧红一直敬重有加的伯父也感慨道:"哈尔滨的女学生们太荒唐!女学生们靠不住,交男朋友啦!恋爱啦!我看不惯这些。"

为了表示让步,张廷举还打算为萧红请先生到家来教书,也算是完成她继续学习深造的心愿。但是对于上中学这件事,萧红的态度是相当坚定的,为了能够得偿所愿,萧红与父亲展开了长达一年的"拉锯战"。

因为与父亲置气,萧红在家里什么事情都不做,日常活动便只有吃饭睡觉闲逛。当时继母梁亚兰怀着第三胎,既要照顾孩子,又要操持家务,面对着已经十五岁却十指不沾阳春水的女儿,怨气不免一天天堆积起来,这些事也全被父亲看在眼里。

终于有一天,父女俩的战争彻底爆发。某日,父亲见到萧红与继母争吵,便过来大骂道:"你懒死了,不要脸啦!"萧红压抑许久的怒火也瞬间点燃,随即反击道:"什么叫不要脸呢?谁不要脸?"在激烈的争吵中父亲一巴掌将她打倒在地。在此之后萧红便病倒了,一病就是几个月。

萧红卧病期间,她那些升了中学的同学们不时给她写信描述中学生活的新奇有趣。想到自己像一只被圈养的羔羊一样被困在这阴冷萧索的大院里,连昔日对自己疼爱有加的祖父也因为染上大烟瘾而日渐衰弱,萧红更加急切地想要赶快加入到这美好的新生活中去。

在长时间的僵持中,萧红的病越发重了。祖父见了实在心疼,便替萧红向张廷举求情:"给她拿火车费,叫她收拾收拾起身吧!小心病坏!"

张廷举不为所动，还大声呵斥道："有病在家养病吧，上什么学，不上学！"

此后家里的人便不敢再为萧红求情，上中学这件事也渐渐成为张家的禁忌话题。

直到后来萧红从朋友那里听说自己高小时的同学田慎茹的事情。田慎茹因为年轻漂亮被教育局局长看上，局长想要娶她回家做妾。田的父亲不过是个谨小慎微的木匠，在教育局局长的势力面前自是大气都不敢出，只好想方设法将女儿骗回家，令其出嫁。田慎茹知道实情后怒不可遏，专程跑到教育局局长家门口破口大骂，搞得满城风雨，局长也颜面扫地，甚至一气之下进了医院。

这位教育局局长不甘心被小姑娘羞辱，便又怂恿县长来娶之为妾，结果县长也是遭到田姑娘的一顿臭骂。田慎茹知道自己得罪的都是当地有势力的人物，为免连累家人，她便到呼兰县的天主教堂做了修女。

当时很多女学生都对田慎茹的壮举钦佩有加，觉得她为当代新女性做了榜样。田慎茹的事迹给了萧红灵感，她计上心头，便威胁父亲"如果不同意我上学，我就出家当尼姑去"。同时她还叫那些念中学的朋友们将自己要出家的消息散布出去，搞得呼兰县城人尽皆知。

张廷举深知女儿敢作敢为的性格，大概是害怕萧红真出了家，汪家来要人的时候没法交代，且张维祯听了萧红的话在张廷举面前撂下话，若是孙女做了"洋姑子"，自己便一头撞死在他面前。面对各方面的压力，张廷举才终于勉强同意了萧红读中学的要求。

在施了这桩小小的"骗术"之后，萧红如愿进入位于哈尔滨的东省特别区第一女子中学读书，中学生活对于萧红来说简直是另一番新的天地。

萧红初入中学时，在一个叫作高仰山的美术老师的影响下，对美术产生了浓厚的兴趣，那段时间里萧红一度立志成为一名画家。她后来出版的《生死场》《马伯乐》的封面图案都是自己设计的。

在中学阶段的最后一次美术课上，为了让同学们能画出满意的作品，高仰山特意带来了果蔬花卉、瓶瓶罐罐等景物供同学们观察描摹。而萧红却别出心裁地从外面搬来一块大石头，向学校的更夫借来烟斗和烟袋，摆在一起，完成了她的毕业作品。对于这幅与众不同的油画，萧红解释说："劳动者干活累了，坐下来抽袋烟休息一会儿。"高老师对这幅画也相当喜爱，还为它取了一个非常富有诗意的名字——《劳动者的恩物》。

此时的萧红已经显露出她对于艺术与美的独特体悟，从这幅别致的油画中便可看出她对于童年生活的再现。萧红的内心似乎自小就形成了对劳动者的同情和悲悯，仿佛透过这块褐色的石头和黑色的烟斗，依稀可见张家后园里铲完地倚在石头上休息的祖父。

萧红在班上有两个非常要好的朋友，一个叫徐淑娟，一个叫沈玉贤，据徐淑娟回忆：

> 我们三个人的脾气都有点古怪，都很倔强，都对学校束缚女生的行为很反感，都对社会上欺侮人、人压迫人的现象

感到愤愤不平，甚至牲畜受到虐待，也会引起我们的愤怒。

她们三人自称是"自觉的革命者"，常常凑在一起读书、谈天。她们遍读古今中外的文学作品，但大概是受到国文课王老师的影响，她们对鲁迅先生的《野草》最情有独钟。

当时的"哈女中"还有一名叫姜寿山的历史老师，经常会将国内最新文学作品和外国作品带到学校来。从那时候起萧红便开始展现出对文学的热爱以及出众的文学天赋，她博览群书的同时也开始自己尝试创作，她写的文章经常发表在学校的黑板报上。

尽管女生们的日常生活比在家中要精彩得多，但是因为校长孔焕章治校保守，平日里对女学生们的进出管理得十分严格，使一个好好的学校变得像"密封的罐头"。学生们因此对这个校长非常不满。

一九二八年十一月，哈尔滨爆发了反对日本建设"满蒙新五路"运动，当时社会各界代表成立了哈尔滨市民抗路联合会，各个大学、中学的学生们成立了哈尔滨学生保路联合会。十一月五日，两个组织组成了两千余人的队伍上街游行抗议，到了九日，示威队伍更是扩展到五千余人，街道上喧闹不堪，革命的热浪与"哈女中"校园围墙内的女学生们仅仅一墙之隔。

终于，校园外引路的童子军们拿着棍棒冲进女校，他们冲进教室、教员室、校长室，要求学校放女生们出来参加游行。

孔校长被这群男生吓得像"被鹰捉拿到的鸡"一样脸色发青、腿脚发软，很快就放了女生们上街参与游行。只不过在她们上街之前她还不忘施展自己的权威，一再地提醒道："要守秩序！不能破格，不能和那些男生们那样没有教养，那么野蛮，你们知道你们是女学生吗？记得住吗？是女学生！"

从孔校长一再强调的训话中可见，尽管当时的"哈女中"教学一流、名声在外，但是教育者的观念却仍停留在对"女学生"这个词的刻板解读阶段。尽管女孩们走出了家庭，接受了新式教育，但这种教育在某种意义上似乎仍然是大家闺秀们嫁人之前的一点儿自我修养上的培训罢了。

从当时孔校长对女孩子们生活管理上的一个细节就可见一斑。校长规定同学们收到的信件除了来自未婚夫的一律要校方先行拆阅，并且学校对女学生们有没有订婚以及未婚夫姓氏名谁都一清二楚。

萧红就是第一个打破了"密封罐头"的人。

当萧红走出校门，被裹挟在声势浩大的人流里时，她的内心是慌张的。

>我只感到我的心脏在受着拥挤，好像我的脚跟并没有离开地面而它自然就会移动似的。我的耳边闹着许多种声音，那声音并不大，也不远，也不响亮，可觉得沉重，带来了压力，好像皮球被穿了一个小洞嘶嘶地在透着气似的，我对我自己毫没有把握。

但是意识到自己作为青年人身上的神圣使命时，萧红便觉得脚下有了力量，看着眼前的一切也觉得严肃起来了。她成为学生游行队伍里最积极的那批人，组织宣传队的时候，别人都是被推举上去的，只有她自告奋勇地上去。

由于萧红在学联活动中表现得过于激进，本来对她青睐有加的孔校长一改从前对她的态度，还把她参加学联活动的代表资格取消了。但萧红对此毫不在意，还安慰朋友说："当不当代表没关系，密封的罐头打破了。"

正是萧红勇敢地朝着这圈笼般的"性别围墙"狠狠地挥了一拳，才终于打破了女中与外界的密不透风的隔膜。新世界的大门向萧红打开了，这是比女校里还要精彩纷呈的世界。萧红还通过这次活动结识了很多外校的学生，也因此开始与在活动中同样表现突出的表哥陆哲舜频繁联络。

一切都像是命运的嘲讽一般，张廷举当年最担心的事情像命中注定一样不可遏止地发生了。萧红在和表哥的交往过程中互生情愫，也越走越近，恋爱的自由让她对张家那个沉闷的地方更加厌恶和疏远，她回家的频率在慢慢减少。直到有一天，家里传来了祖父去世的消息。

第四章

既无牵挂　不如离去

❈　❈　❈

我若死掉祖父,就死掉我一生最重要的一个人,好像他死了就把人间一切"爱"和"温暖"带得空空虚虚。我的心被丝线扎住或铁丝绞住了。

——《祖父死了的时候》

❋ ❋ ❋

萧红祖母去世后，祖父便渐渐染上了大烟瘾，本已老迈的身体经过大烟的摧残更是日渐衰弱，经常没有来由地就流起眼泪来，日常生活里健忘的次数越来越多，甚至还会出现神志不清的情况。祖父以前常常给萧红讲故事，但现在讲起来，总是突然对下一半的内容记不起来了。

某天夜里，病情刚刚好转的祖父叫来萧红说："你给你三姑写信，叫她来一趟，我不是四五年没看过她了吗？"但其实祖父口中的三姑已经去世多年。祖父的这些变化令萧红十分痛心，却无能为力，她没办法拂去岁月在老人身上留下的印痕，也不能阻挡生老病死的自然规律，只能努力地逃避这一切，在上中学之后便减少了回家的次数。

一九二八年二月初五是张维祯八十岁大寿，张家特地为他操办了一场盛大的寿宴，希望借着喜气能驱走病魔给老人的折磨。

作为呼兰县有头有脸的乡绅人家，张家寿宴的座上宾也都是呼兰县县长、审判庭庭长、教育局要员这样的大人物。来宾们为了表达对张维祯长命百岁的祝愿，甚至将张家所在的英顺胡同更名为"长寿胡同"。

寿宴当天，萧红回到家便立即奔向祖父的屋子。然而，前院的宴席上高朋满座，热闹非凡，祖父的屋子里却寂寥得很。萧红见到的是玻璃窗后盼望她归来的苍白面庞，她甚至能从那张苍老的脸上看到死神正一丝丝抽走他所剩无几的精气神。

萧红在《祖父死了的时候》曾记录过与祖父的这次见面。

> 三月里,我又回家一次,正在外面叫门,里面小弟弟嚷着:"姐姐回来了!姐姐回来了!"大门开时,我就远远注意着祖父住着的那间房子。果然祖父的面孔和胡子闪现在玻璃窗里。我跳着笑着跑进屋去。但不是高兴,只是心酸,祖父的脸色更惨淡更白了。等屋子里一个人没有时,他流着泪,他慌慌忙忙地一边用袖口擦着眼泪,一边抖动着嘴唇说:"爷爷不行了,不知早晚……前些日子好险没跌……跌死。"
>
> "怎么跌的?"
>
> "就是在后屋,我想去解手,招呼人,也听不见,按电铃也没有人来,就得爬啦。还没到后门口,腿颤,心跳,眼前发花了一阵就倒下去。没跌断了腰……人老了,有什么用处!爷爷是八十一岁呢。"
>
> "爷爷是八十一岁。"
>
> "没用了,活了八十一岁还是在地上爬呢!我想你看不着爷爷了,谁知没有跌死,我又慢慢爬到炕上。"

萧红与祖父的这次对话,可以说是人生中最后的诀别。

再怎么热闹的宴会、再怎么吉祥的名字也终究敌不过生老病死的自然规律。次年六月,祖父去世,萧红听闻噩耗回到家中,见到的已经是祖父躺在板床上的冰冷遗体。

这回祖父不坐在玻璃窗里，是睡在堂屋的板床上，没有灵魂地躺在那里。我要看一看他白色的胡子，可是怎样看呢！拿开他脸上蒙着的纸吧，胡子、眼睛和嘴，都不会动了，他真的一点儿感觉也没有了？我从祖父的袖管里去摸他的手，手也没有感觉了。祖父这回真死去了啊！

祖父装进棺材去的那天早晨，正是后园里玫瑰花开放满树的时候。我扯着祖父的一张被角，抬向灵前去。吹鼓手在灵前吹着大喇叭。

我怕起来，我号叫起来。

"咣咣！"黑色的，半尺厚的灵柩盖子压上去。

吃饭的时候，我饮了酒，用祖父的酒杯饮的。饭后我跑到后园玫瑰树下去卧倒，园中飞着蜂子和蝴蝶，绿草的清凉的气味，这都和十年前一样。可是十年前死了妈妈。妈妈死后我仍是在园中扑蝴蝶；这回祖父死去，我却饮了酒。

这是在母亲去世十年之后，萧红又一次看到刺眼的白幡飘扬在自家的上空。一切都是似曾相识的，童年里那些晦暗的关于死亡与离别的回忆再次涌上心头，敲击着她的心灵，她感觉到灵魂中某些美好的东西被抽走了，那是由无数温暖的记忆编织起来的留恋。萧红曾感慨道："过去的十年我是和父亲打斗着生活。在这期间我觉得人是残酷的东西。"祖父的存在是她在残酷的人生中仅存的温度。

唯一能够证明她幸福过的人不在了，童年的影子也终将消逝得无影无踪。那些关于这个家少有的温馨回忆，也随着祖父冰凉的身躯一起被埋进黑土，让她对家庭本就所剩无几的留恋也随着那些纸钱纸扎一起被扔进火光中，化为灰烬。

祖父去世后，萧红与家庭的关系进一步疏远，她回家的次数更少了。当时萧红已经临近初中毕业，同学们也都在为将来做打算，嫁人的嫁人，深造的深造。而仅仅念完初中对萧红来说是绝对不能够满足的，当老师问起她未来的计划时，她斩钉截铁地回答："要去北平读书。"

但对于父亲来说，能让她念完初中已经是最大的让步。此时的萧红已经年满十八岁，正是该出嫁的年龄，对萧红父母来说，女儿几乎像个"烫手的山芋"一样，不能在这个家中久留。毕竟萧红在学校时已经是出了名的风云人物，示威游行、学生运动样样都少不了她的影子，他们实在害怕婚约再拖下去，局面就真的失控了。

对于和汪恩甲的婚约，萧红起初并没有十分抗拒，反倒对这个父亲口中"仪表堂堂"的男子有几分好奇和期待。那时汪恩甲已经从师范学校毕业，在哈尔滨的三育小学做教员，地理位置上的便利让两个人的交往也频繁起来，汪恩甲时常到萧红的学校去看望她，萧红也并未明确地拒绝过，而且萧红的老师同学几乎都知道这位"Mr汪"的存在。可见两人曾经还是真诚地交往过的。

除了经常性的见面和书信往来，萧红还曾给汪恩甲织毛衣表达心意，并且在汪恩甲父亲去世时，亲自到汪家参加葬礼，以儿媳的身份为汪父戴孝。当时汪家对萧红的重情重义非常满意，因而也更加希望萧红能够早日过门。

但随着与汪恩甲的深入接触,萧红对他的印象慢慢发生了改变。萧红总觉得汪恩甲身上有着纨绔子弟的习气,这让自小就亲近底层人的萧红十分不适应。当她得知汪恩甲竟然还有吸鸦片的恶习之后,他在她心中的形象几乎彻底崩塌了。

为此萧红毅然向家中提出解除婚约,解除婚约的要求既是出于对汪恩甲的忍无可忍,也是为自己到北平继续读书铺平道路。张廷举夫妇对萧红的想法自然严厉拒绝,两家本在定亲时就已约定等萧红初中毕业就立即完婚,萧红现在的悔婚行为无疑是在打张家的脸。这对极其爱面子的张廷举来说是不能容忍的,为此他甚至打算让萧红提前退学回家结婚。

父亲的武断让萧红心中本已萌芽的逃离想法愈加强烈。当时正是易卜生的女性主义剧作《玩偶之家》风靡中国的时候,娜拉在女学生们心中几乎是精神榜样的存在,"出走"成了一种时髦的象征。此外,鲁迅先生的《伤逝》也是许多青年女学生的必读作品,她们都希望自己成为子君那样为自己而战斗的新女性。这些新潮的思想给了萧红精神上的信念,但苦于缺乏经济上的支撑,她并未找到最合适的出走机会。就在萧红最犹豫不决的时候,表哥陆哲舜给了她坚持选择的力量。

陆哲舜虽然与张家沾亲带故,但其实关系早已经出了五服,两人要不是因为学生运动,可能连见面相识的机会都没有。但正是那次轰轰烈烈的学生运动,陆哲舜开始走进了她的生活,并且一点点将汪恩甲从她的世界里涂抹掉了。

陆哲舜身上带着明显的当时"新青年"的气质，两人多次在学生活动中相遇。萧红亲眼见到他过人的学识、见地以及出众的组织能力和领袖气质。在那个不以财富论短长的时代，这些都是男性身上最富有吸引力的特质，对向往自由的萧红更是有着深深的吸引力。

而萧红身上与众不同的气质同样让陆哲舜为之心动。为了支持萧红到北平念书，也为了给两人争取更多的相处时间，陆哲舜从政法大学退学，转学到北平的中国大学就读，这期间他不断鼓励萧红勇敢地到北平去。

而此时萧红为了去北平念书的事已经和家里闹得不可开交，和父母的大吵大闹已经成了家常便饭。父母越发觉得萧红几乎要脱离掌控，便索性打开了大门吵，甚至将萧红的舅舅请来教训她，然而不管什么办法都起不到一点儿作用，去北平已经成了萧红必须完成的心愿。

那段与家庭对抗的昏暗日子充满了前所未有的艰辛，萧红几乎陷入抑郁的情绪中，夜里常常在学校的宿舍里独自哭泣，甚至不得不依靠抽烟喝酒来缓解压力。

这场惨烈的拉锯战最终以萧红的出逃收场。

萧红非常明白,长久地消耗并不是办法，她索性再次使用起"骗术"来。她假意顺从了家中的结婚安排，以置办嫁妆为由从家中骗了一大笔钱出来，用作自己出逃的路费和生活费。

当张家人欣欣然为萧红筹备婚礼的时候，萧红已经悄悄踏上了前往北平的列车。

第五章

离去归来　往复之路

去年的五月,
正是我在北平吃青杏的时节,
今年的五月,
我生活的痛苦,
真是有如青杏般的滋味!

——《偶然想起》

❋　❋　❋

一九三〇年初秋，萧红顺利到达北平，也终于如愿进入北平女子师范大学附中读书。

北平是一片广阔自由的天地，来到北平的萧红如同脱离了笼子的鸟，终于可以自由翱翔。这里再没有整日逼婚的父母，也没有令人生厌的未婚夫，取而代之的是更高等的教育环境，和对这个世界更为深广的认识。

萧红与陆哲舜起先落脚在西京畿道的一所公寓里，随后为了上学方便而租住在距离两人学校都很近的二龙坑西巷某个小院内。这是一座十分传统的老北京四合院，由八九间小独院组成，萧红和陆哲舜分别住在北面的两间房子里。大概是因为两人都没有太多的独立生活经验，他们便花钱雇了一个人称"耿妈"的当地人来照料起居。

萧红在给好友沈玉贤的信中写道：

> 我俩住在二龙坑的四合院里，生活比较舒适。这院里，有一棵大枣树，现在正是枣儿成熟的季节，枣儿又脆又甜，可惜不能与你同尝。秋天到了！潇洒的秋风，好自玩味！

经济上暂无压力，求学梦也得偿所愿，北平还有一众志同道合的好友，萧红初到北平的生活的确是非常舒适的，有大把的时间和金钱来好好玩味生活。

对于萧红在北平的生活,好友李洁吾是最好的见证者。

李洁吾是陆哲舜在哈尔滨三育中学时期的同学,两人关系不错,李洁吾于一九二九年便到北平读书,陆哲舜到北平后,两人的联络也渐渐频繁起来。

那时陆哲舜已经在帮萧红筹谋到北平上学的计划,所以在李洁吾回哈尔滨休假前,陆哲舜便嘱咐他,叫他去找萧红时多给她讲讲北平的风物。

李洁吾在好友徐长鸿家第一次见到萧红,便对这个女孩印象深刻,提起对萧红的印象,他曾有过极为深情的描述。

> 她,不轻易谈笑,不轻易谈自己,也不轻易暴露自己的内心。
>
> 她的面部表情总是很冷淡的,但又出现一点儿天真和稚气。
>
> 她的眉宇间时常流露出东北姑娘所特有的那种刚烈、豪爽的气概,给人一种凛然不可侵犯的庄严感。
>
> 她有时也笑,笑得那样爽朗,可是当别人的笑声还在抑制不住的时候,她却突然地止住了,再看时,她的脑子似乎又被别的星系所占据而进入了沉思;她走路很快,说到哪里去,拔腿就走。
>
> 她走路总爱抢在同行人的前面,一直走去从不回头,经常使我们落在后面的人,望着她的背影,看她走路的样子发笑。
>
> 她没有一点儿矫揉作态的女人气,总是以一个"大"的姿态和别人站在平等的地位上。

  她的感情丰富而深沉，思想敏锐并有独立的见解。

  李洁吾第二次见萧红是在她初到北平的时候。自从萧红与表哥住进二龙坑的居所后，这座小院便成了一众好友聚会的场所。每个星期日下午，这里便总是人来人往，十分热闹。

  这些年轻人三五成群地聚在一起，满是青春的朝气，他们谈理想志趣，谈生活希望，总是谈到后半夜值夜人的梆子声响起的时候，才意犹未尽地离去。欢声笑语让院子里的空气都显得清新无比，这是张家大宅里永远也不会有的。

  但是这短暂的宁静和欢乐却被一件极为尴尬的事情打破了。

  某天，李洁吾照常到萧红住处拜访，但一进屋便觉得气氛不大对劲，萧红交给他一封信，还嘱咐他回到学校再拆开看。但李洁吾还未离开，陆哲舜便慌张地来找那封信，在得知萧红已经把信交给李洁吾时，神情非常尴尬。

  李洁吾意识到事情可能有些严重，便当场把信拆开看了。原来这封信是萧红对陆哲舜企图对她无礼的控诉，李洁吾是两人共同的朋友，萧红希望他能见证自己的态度——她无意与表哥进一步发展。

  萧红对陆哲舜的感情在纯粹的男女之情以外，更多的还是出于小女孩对成熟男性的仰慕和依赖。事实上，萧红追随陆哲舜来北平，目的是比较单纯的，她想念书，但是苦于没人支持，她才必须依靠陆哲舜的帮助。而与陆哲舜的"同居"在她看来也是互相扶持的需要，她感激表哥的热情，但并不意味着自己就要献身相报。

但是这一切在陆哲舜眼里却并没有那么简单,早在萧红在哈尔滨读中学的时候,他就已经确定了自己对这个与众不同的女孩的爱慕之情,当初退学来北平也是为了萧红。萧红的投奔在陆哲舜眼里,俨然是芳心暗许的直白表达。而且,陆哲舜早已有家室,为了能够得到表妹的芳心,他甚至不惜写信回家要求与原配离婚。

萧红毕竟还有婚约在身,悔婚不成,总还是要给汪家一个交代,这种坚持符合萧红仁义大气的性格。

李洁吾了解事情的来龙去脉之后,不由得升起一股怒火,他对陆哲舜的行为十分不齿,干脆当着萧红的面将他大骂一顿。陆哲舜本就自觉行为失当,又被萧红当着朋友的面拆穿,脸上实在过不去,竟然呜呜咽咽地哭起来。

当时李洁吾正在气头上,离开之后一个星期没再与兄妹二人联系。待到冷静下来,又觉得自己反应过激,不该如此伤朋友的自尊,于是又给兄妹二人写了信道歉。

风波过后,萧红继续着平静的求学生活,朋友们仍然照常到访,还会聚在一起用雪水煮冬枣,为此萧红有一次还因为煤气中毒差点儿丧命,一群人手忙脚乱地抢救一通才把她救活过来。

逃过一劫的萧红还对朋友们感叹道:"我不愿意死,一想到一个人睡在坟墓里,没有朋友,没有亲人,多么寂寞啊!"

然而这样充满趣味的生活并没有持续太久。远在北平的陆哲舜与萧红二人并不知道,他们的行为在那个东北小城掀起了多大的风波,旧式思想最容不下他们的这种任意妄为,光是旁观者的口水已经足够淹没整个张家大院,而陆家、汪家也不可能置身事外。

十一月份的北平,冬的寒气已然逼近,萧红的生活费早已用光,甚至连一件御寒的衣服都没有。家中除了寄来让她早日回家结婚的警告信,不会给她一分钱的支援,萧红只能靠着陆家寄来的钱勉强生活一阵子。

萧红也曾在另一段饥寒交迫的日子里记录下这段缺衣短食的日子。

> 森森的天气紧逼着我,好像是秋风逼着黄叶样,新历一月一日降雪了,我打起寒战,开了门望一望雪天,呀!我的衣裳薄的透明了,结了冰般地。

不久之后,本来能够在经济上给萧红以援助的表哥,也被家中实行了"经济制裁",两人算是到了山穷水尽的地步。眼看着深冬到来,萧红还是穿着单衣,连一同上课的同学们也都注意到萧红的窘境,一个接一个地向她问:

"你真耐冷,还穿单衣。"

"你的脸为什么紫色呢?"

"倒是关外人……"

李洁吾实在心疼她,看不下去,便从朋友那里借了二十块钱,给萧红买了套棉衣裤御寒。

寒假来临,陆家再次来信,信中表示如果陆哲舜寒假回家就寄来路费,如果不回家,就彻底断了供给。重压之下,陆哲舜已然无法继续与家中对抗。他回家前，萧红对他的妥协表示鄙夷，说他是"商人重利轻别离"。尽管萧红嘴上说得轻松，但没有经济来源的日子可并没有想象中那么好过。

很快，萧红便也因为无法维持生计而决定回家。

在得知萧红要回东北后，未婚夫汪恩甲主动到北平来接。或许是因为不知道该以怎样的态度面对家人，又或许是因为那个只能给她徒增束缚的家庭令她心生厌恶，萧红回到哈尔滨后，并没有直接回家，而是与汪恩甲一同居住在道外区的东兴顺旅馆。

尽管在萧红留下的文字中，汪恩甲几乎像是不存在一样，但从亲历者描述中可以看出，汪恩甲对萧红是十分迷恋的，并且自与萧红订婚开始，也一直对萧红尽到了未婚夫的职责。

与萧红同居在东兴顺旅馆的日子里，汪恩甲还花钱给萧红置办了不少高档的衣物，经济上的暂时宽裕让萧红还算顺心地度过了新年。然而好景不长，汪家对萧红的出格行为十分不齿。汪家人不愿意白白蒙上一层被悔婚的耻辱，为了维护声誉，其兄汪大橙早就勒令汪恩甲与萧红退婚，但汪恩甲不愿意。

汪大橙意识到汪恩甲是铁了心对萧红不离不弃，事情拖得越久就越难解决。为了迫使汪恩甲离开萧红，汪大橙直接断了他的经济来源，并在汪恩甲回家取钱的时候将其软禁。

再次失去经济支援的萧红走投无路，只好到汪家找寻汪恩甲，结果被汪大橙大骂一顿赶出门。

以萧红倔强的性格，是无法对这样的羞辱忍气吞声的，于是她一气之下将汪大橙告上法庭，指责他代弟休妻。张汪两家家长都参与了这场庭审。萧红父母对这场官司的结果尤为重视，一方面他们仍然希望婚约能够继续，另一方面更希望萧红的胜诉能为张家挽回些许颜面。

然而，汪恩甲并没有像萧红想象的那样对自己情比金坚，就在汪大橙即将败诉的时候，汪恩甲因为害怕兄长受到法律处分，在法庭上承认解除婚约是出于自己的意愿，并在法庭上直接与萧红解除婚约。汪恩甲的软弱让萧红失望透顶，她不顾汪恩甲的再三解释，直接离开。

张汪两家闹上法庭，在呼兰县城又成了一桩街头巷尾人人议论的"丑闻"，张家败诉之后可谓是颜面尽失。萧红为了躲避家人的指责，以及因为盛怒和羞辱给她带来了身体和精神上的双重伤害，只好到同学沈玉贤家中休养。

不久后，陆哲舜给李洁吾写信，希望他能给萧红寄去五元路费，帮助她返北平继续读书。李洁吾知道直接寄钱可能会遭到张家人的拦截，便将五元钱夹在一本诗集的封皮里，并在信中提醒萧红"越往后越要仔细地读，注意一些"。

一九三一年初春，萧红在陆哲舜和李洁吾的帮助下得以返回北平继续读书。不久，汪恩甲便紧随其后到了北平。汪恩甲对萧红心中有愧，希望能得到弥补的机会。萧红带着对汪恩甲仅存的最后一点儿期望，劝说他留在北平和自己一起读书。当时汪恩甲一心想要萧红回心转意，为了能够稳住局面，他便一口答应了萧红的请求，在北平住了下来，但其实他并没有打算长时间在北平逗留，而是希望通过时间来冲淡各种各样的矛盾。他夹在家庭与爱人之间，觉得自己有能力调解一切问题，最终让汪家能接纳萧红，也能劝服萧红与自己回东北结婚。

与汪恩甲同居的生活很轻松，萧红在经济上没有了压力。据李洁吾回忆，萧红到北平后正为学费发愁，汪恩甲突然出现了，"那人进屋之后，一屁股便坐在了椅子上，一言不发。廼莹跟在他背后，对我伸伸舌头，做个怪样子。" 他拿出一摞银元在桌子上来回摆弄着，萧红向李洁吾介绍这个举止怪异的男子："这是汪先生。"

李洁吾明白此时的萧红已经有人照料，便很少再去萧红居住的小院打扰。直到三月末，萧红主动找到李洁吾，说是经济上有了困难，原来是她与汪恩甲闹翻了，没了汪恩甲的支援，萧红再次失去了经济支撑，然而作为穷学生的李洁吾也是有心无力的。

最终，萧红无法继续挣扎下去，已无计可施，只好再次回到哈尔滨。

对于一个年仅二十岁的女学生来说，想要在一九三一年的中国独立地活下去，需要面对无数的困难，萧红最终在生存的重压下不得不回到呼兰老家。

此时张廷举对自己这个不服管教、败坏门风的女儿已经完全绝望了，当时他刚刚荣升教育局局长不久，因为萧红的事情闹得人尽皆知，他便被以"教子无方"的理由降职调到巴彦县教育局做督学，几乎是颜面尽失。于是他举家搬到阿城福昌号屯的张家祖宅，连在哈尔滨上学的张秀珂也因为不堪流言蜚语而转学到了巴彦县。

福昌号屯作为张家家业的发源地之一，住着张廷举的继母，两个兄长、四个弟弟、一个妹妹，外加众多堂兄弟们。张廷举将萧红转移到这里，除了躲避看客们的流言，更是希望借由家族的力量好好管教她，让她有所收敛，将来能安安分分地嫁人。

于是，萧红就这样被软禁在福昌号屯的张家大院里。

这座院落比萧红在呼兰的家更大更气派，也更阴冷，四周围是看不见尽头的高墙和亲戚们冷若冰霜的脸。萧红不是没想过逃离，但看到院子四周持枪守卫的家丁，她也无法不心生恐惧。

在张家人眼中，萧红无疑是个有辱门楣的灾星，为了防止萧红将她那些败坏家风的思想传播给家族里的女孩们，他们严禁萧红与张家的其他女孩接触。

就这样，萧红成了张家大院里的一个游魂，每天天亮起床，天黑便睡，白天活动的范围有限，与她说话的人也有限。

一道高墙将院子里的人与整个世界隔绝开来，张家大院成了一座孤岛，院墙外的广阔天地所发生的一切都与院内的人不相干。即便是"九一八事变"的警报响彻中国的上空，对院墙里整个福昌号屯的人来说，也是与吃喝劳作毫无干系的小事。

被囚禁在这一方院墙之内，萧红真正地目睹了当时的人在困苦的生活中是怎样的麻木不仁，是怎样将生活的憧憬一点点降低，直到最终唯一的期待只剩下活下去，哪怕是猪狗不如地活下去。

尽管张家是福昌号屯的头等大户，但毕竟时移世易，在这样的乱世里他们也难免走下坡路。萧红的伯父张廷蓂为了转移危机，便打算将佃户和租客的租金涨价。

萧红将一切看在眼里，这种残忍的剥削戏码在呼兰时便常常上演，她向伯父求情，希望他不要加租。张廷蕙对萧红本就心中不满，这次她不自量力的行为直接给了他发怒的出口，便将她暴打了一顿。萧红为了躲避伯父的追打，躲进了七婶的房间里，因为东北有个习俗，大伯不能进弟媳的房间，萧红这才算躲过了一劫。

萧红在七婶的房间里躲了几天，这期间帮她织了不少大人和孩子的袜子、手套。但大伯对萧红的怒气并未消散，他以无法管教为由通知张廷举把萧红接回去，还扬言要把这个逆子弄死了事。当时七婶和姑姑担心张廷蕙真的会对萧红动手，便想办法帮着萧红从张家逃离出去。

于是，在一个寒冷的冬夜里，萧红"穿着一件蓝士林布大衫，空着手坐着拉白菜的马车离开了家"。

这是萧红人生中的第二次出逃，这年是一九三一年，她二十岁。当萧红再一次站在哈尔滨冬天的街上时，她明白自己已经与张家彻底没有了瓜葛，甚至连她在家谱上的名字也因为父亲的震怒而被无情地抹去了。

萧红逃走后，张廷举不但将萧红从族谱上抹去，还严禁张家子女与萧红来往，尤其是萧红的胞弟张秀珂，更是在他的严密监视之内。然而张秀珂毕竟与萧红流淌着同样的血液，又一同经历过悲苦的童年，他与姐姐的感情之深厚，并不是张廷举几声呵斥就能斩断的。

萧红出走后不久，姐弟俩就开始互相通信，当然这一切都是在暗中进行的。某次，萧红写给张秀珂的信被张廷举拦下，他故意挡着来信地址问张秀珂："这是谁来的信？"张秀珂知道是姐姐写来的，却因为实在害怕父亲发怒的样子，便吞吞吐吐地表示不知道，然而张廷举看穿了儿女的把戏，问："这是逆子写的，你给她写过信吗？"张秀珂颤抖地回答："没有。"张廷举便狠狠训斥道："那好，如果你同她来往，这个家也是不要你的。"

尽管如此，在此后的几年里，萧红与弟弟的通信却未曾间断过。在萧红的影响下，张秀珂于抗战爆发后不久就参加了革命，成为一名军人。而张廷举永远也不会想到，若干年后，当自己的女儿已经深埋黄土，儿子也成了革命将领，这两个他当年口中的"逆子"，却成了拯救整个张家的功臣。

哈尔滨的冬天天寒地冻，萧红饥寒交迫，茕茕孑立，站在冰天雪地的大街上，一时间不知道该往何处去。她想不到自己该投奔谁，也不知道自己该怎样挣钱养活自己。

夜幕降临，天地间仿佛被寒冰包裹了一般，衣着单薄又身无分文的萧红实在无法抵抗这严寒，突然想起城里还住着与自己尚有来往的姑母。她不顾面子寒夜里去敲门，然而不知是夜太深了，姑母早已熟睡，还是知道门外的是不被张家所接纳的人而故意不开门，总之，在那个寒冷的夜晚，萧红把门敲了一遍又一遍，终究没能迈进那个温暖的房间。

在那个混乱的年代，无家可归、流落街头的人数不胜数，对他们来说，东北冬天的夜晚就是一道鬼门关。待次日的太阳升起的时候，人们总会在路边或是壕沟里发现几具蜷缩着被冻僵的尸体，萧红差一点儿就成了其中的一具。

那个绝望的晚上，萧红本想到卖豆浆的小摊前讨口热豆浆喝，一个来买豆浆的老妇人向她伸出了援手。萧红仿佛抓住了一根救命稻草，没多想便跟着老妇人走了，到了老妇人的家里她才发现，原来她是个暗娼，家里还养着一个十四五岁的小女孩，等着成年后接她的班呢。萧红明白了老妇人的用心，决定在这里熬过一夜便离开。

饥寒虽然夺走了萧红的意志，但没泯灭她的自尊。尽管她明确地知道在这样一个时代下，出走的女性面临的是怎样险恶的未来，但她也并不打算以这样的方式来结束这场抗争。

第二天早上，萧红毫不犹豫地离开了老妇人的家。临走时，老妇人还要她留下一件衣服做住宿费。

堕落或者灭亡。就像鲁迅先生曾对娜拉发出过的预言一样，命运摆在萧红面前的，似乎也只有这两条路。

萧红成了真正的流亡者，每日狼狈地游走在哈尔滨的大街小巷。在这座她曾学习、生活过，也曾热情战斗过的城市，她找不到半寸立足之地，饿了只能找昔日的同学接济顿饭，累了也只好到朋友家小睡一会儿，连过夜也是不好意思的。

最艰难的时候，萧红不得不沿街乞讨。

尽管落魄至此，萧红也从来没有过回家的念头，在萧红眼里，张家似乎已经成了比坟墓还可怕的所在。那时候张家有不少年轻人在哈尔滨上学，他们几乎都知道，家族里的二姐在哈尔滨流浪，他们也十分关心萧红的近况，也曾主动向她提供援助，但萧红执拗地不肯再用张家的一分钱。

某个寒冷的清晨，萧红在街上遇见了堂弟张秀珺，两人在咖啡馆的会面被萧红在散文《初冬》里形容为"渺小的同情者和被同情者"之间的对话。

堂弟为萧红点了咖啡和食物，并一再劝导姐姐回家和解。但面对弟弟的好意，萧红的态度是果决坚定的，她说："那样的家我是不能回去的，我不愿意受和我站在两个极端的父亲的豢养。"

然而，熟人毕竟有限，渺茫的前路却是无限的。萧红没法放下尊严整日里在同学朋友的家中蹭吃蹭喝，她觉得自己必须要想个长远之计。

最终，萧红还是回到那个与她纠缠了多年的男人身边。

尽管他们经历过激烈的争吵、残忍的互相伤害和短暂的分手，但这一切还是没有斩断萧红与汪恩甲的关系。汪恩甲是萧红流落哈尔滨后所能想到的最后一根救命稻草，她知道汪恩甲对自己仍然抱有希望，她也知道倘若继续这样吃了上顿没下顿地混日子，自己根本就熬不过这个冬天，所以，她暂时性地遗忘了过去的种种嫌恶和恩怨。

一直爱慕着萧红的汪恩甲也背着家人欣然接受了萧红，两人再次住进东兴顺旅馆，开始同居生活。

汪恩甲的慷慨接纳让萧红再一次度过了人生的困局，她像一只候鸟一样，顺利地熬过了冬天。在这期间，两人相处得并不是十分融洽，摩擦时常发生，最严重的两次让萧红试图再次离开他。

一次是在一九三二年春天，萧红突然回到呼兰梁家，也就是继母的家。因为萧红自小与继母的妹妹梁静芝要好，梁家人倒是没对她多加指责，但是她到梁家不久，便被汪恩甲接了回去。

另一次是在萧红从呼兰回哈尔滨后不久，她又突然造访当时在东特女一中读书的堂妹张秀珉的宿舍，希望与她同住。当时，看到蓬头垢面、破衣烂衫的姐姐，张秀珉非常心疼，便将宿舍腾出来给萧红居住，还向校长说情让萧红在高一插班学习，但是萧红在学校里仅仅住了十来天，便发现自己怀孕了。没办法继续读书，萧红只好继续回到旅店养胎。她本以为自己能与汪恩甲结婚，过上稳定的生活，但她所有的憧憬都因为汪恩甲的失踪成为被戳破的肥皂泡。

两人在东兴顺同居了大半年，欠下的房费也越来越多，足有六百多元。那天，汪恩甲告诉萧红他要出去筹钱，便离开了旅店，此后他却再也没有出现过。

汪恩甲的失踪一直是个无人能解开的谜团。有人认为汪恩甲是为了恶意报复对自己忽冷忽热的萧红，才在令其怀孕后将她狠心抛弃；有人认为汪恩甲在筹钱的途中死于日军的暗杀；更有研究者猜想是因为汪家家中有革命者而被日军察觉，不得不举家匆忙逃离避难。

不论出于什么原因，汪恩甲确确实实永远地消失了，萧红再一次失去了依靠，这次是在她身怀六甲的情况下。命运再次夺走了她的希望，她能做的只有难熬地等待。

至此，萧红出走的意义似乎已经变得模糊起来。逃离封建旧式家庭的确是新时代女性的做法，但她从为了逃婚、逃离张家到一次次投靠逃婚的对象汪恩甲，这矛盾的举动似乎并不是一个新女性应该做出的选择。今天的我们回望历史中的萧红，觉得她的行为是不够激进的，不够革命的，不够女性主义的，然而，身在困局中的萧红本人却从未想过自己要做谁的楷模。

站在时代的背景下，我们不难发现，名誉和贞操无疑是当时女性维持生存的通行证。时代并没有赋予女性足够的自力更生的条件，反倒是不断压缩女性所能够存活的空间，对于当时尚未展露写作才华的萧红来说，失去依靠，便意味着失去存活下去的机会。所以汪恩甲是萧红退无可退时必须做出的选择。

但是命运似乎总想剥夺萧红的主动权，她就这样再一次失去了存活下去的依靠。

第六章

阁楼尽头　命中相遇

❋　❋　❋

当他爱我的时候,

我没有一点力量,

连眼睛都张不开,

我问他这是为了什么?

他说,爱惯就好了,

啊!这可贵的初恋之心。

——《春曲(六)》

❋ ❋ ❋

萧红的肚子像发面馒头一样越来越大，汪恩甲再次回来的希望却越来越渺茫。东兴顺旅店的老板早就看明白了萧红的境地，知道这几百块的房钱是不可能从这个怀着孕的女人身上拿到了，于是他将萧红赶到了旅店阁楼的储藏室里，并勒令她赶快想办法还钱，不然就把她卖到低等妓院里抵债。

天气越来越炎热，肚子越来越沉，阁楼里日复一日的等待总归不是办法，萧红不能让自己一直困在这间几乎转不开身的阁楼里，于是她开始想着寻找出路。

当时，《国际协报》是哈尔滨最著名的商业刊物，上面也会刊登一些左翼作家的文章，萧红在中学时代就是《国际协报》的忠实读者，于是她想到了向报社求助。

她先是以读者的身份向《国际协报》写信，后来还以"悄吟"为笔名向《国际协报》投稿。当时《国际协报》文艺副刊的主编是裴馨园，裴馨园在报纸上有一档名为"老斐语"的专栏，经常用比较隐晦的语言揭露、讽刺当时黑暗社会的弊病，表达在日寇铁蹄下人们的艰难境地和一些对时事的观点评论。萧红在写给报社的信中重点质疑了裴馨园的这个专栏，这样一来，裴馨园便注意到她这个与众不同的读者。

看过萧红写来的信，裴馨园笑道："在中国人里还没碰见过敢于质问我的人呢！这个女的还真是有胆子的人。"此后萧红便在给

《国际协报》的信中表明了自己的困境,希望报社能向自己施以援手。

此时萧军已经是《国际协报》文艺副刊的撰稿人,且与裴馨园是非常好的朋友,还经常帮他编辑一些儿童刊物。尽管如此,萧军的生活仍然是十分落魄的,境况并不比萧红好到哪里去。

萧军原名刘鸿霖[1],生于辽宁省义县,父亲是个普通的手艺人,母亲在其出生后不久便吞鸦片自杀了,他则在尚不会走路时就开始与父亲四处漂泊。萧军十五岁时听从父亲的安排与一个十八岁的农村姑娘结婚。三年后,萧军离开农村到吉林参军,因为看不惯军阀部队的风气,不久后又加入张学良的东北陆军讲武堂。"九一八事变"后,萧军还曾组织游击队抗日,但最终失败了,自此萧军便继续着流浪的生活。

一九三一年冬天,萧军流浪到哈尔滨,开始给《国际协报》投稿,裴馨园非常欣赏萧军的作品,反反复复地品读,后来便邀请萧军来家中做客。

当时的萧军穷困潦倒,几乎与乞丐没有什么差别,再加上匪气十足,初次见面时裴馨园的家人都被吓了一跳。

> 他当时穿着一件蓝色不蓝,灰色不灰,被阳光晒褪了色的粗布学生装,领口、袖口、肩、肘等处凡是容易磨损的地方,都露出了断布丝的毛茬儿;下身穿的是一条西式灰色裤子,不但没有笔直的裤线,而且还补着补丁;脚上穿了一双开了

---

[1] 萧军曾用名、笔名约三十个,其中最为读者熟知的是"萧军"和"田军"。萧红常称其为"军"或"均"。后文中"刘吟"也是指萧军。

第六章 ※ 阁楼尽头 命中相遇

绽的沾满了泥迹的旧皮鞋；一头不加修饰的自由生长着的直直竖立着的寸发，很黑也很浓。

但是随着接触的深入，裴馨园越发觉得萧军是个坦率、真诚又有才华的年轻人，于是将越来越多的编辑工作交给他做。

收到来信后，报社的人对萧红的情况十分关心，在经过一番讨论后，裴馨园与舒群、孟希等人到东兴顺旅馆看望了萧红，对她进行了简单的采访。了解了萧红的情况，裴馨园劝慰萧红不要担心，他们会想办法营救她，临走前还叮嘱旅店老板善待萧红。

很久之后孟希回忆起这段往事，还说起一件极为凑巧的事情：在几人看望萧红回到报馆后不久，报馆楼下的道里区张局长的兄弟来这里做客，孟希与他们在楼下乘凉闲聊，随口向他们聊起自己最近参与营救萧红的事情，没承想那位张姓乡绅听了没几句就气冲冲地离开了。孟希对这个人的古怪行为大为不解，回去向裴馨园说起，才知道原来那乡绅就是萧红的父亲张廷举，在楼下办公的张局长则是萧红的伯父。

作为当时激进的文人群体，亲眼目睹萧红家人的离弃，报馆的编辑们都颇为同情，他们实在无法看着一个怀孕的女性因为这个黑暗的社会而堕入深渊。

然而，或许是因为自小就尝遍人生疾苦，萧军对萧红的境遇并没有什么特别的感慨。他自己的生活尚且朝不保夕，对这个与自己毫无干系的女人自然也不会关注太多，他仅仅是以事不关己的态度旁观着事态的发展。

不久后，萧红打电话给报社，说自己在旅馆自由受限，无法出门，又想看书，希望报社能够帮忙借几本书给她看。于是裴馨园便派萧军去看望萧红，顺便送去她想借阅的书籍。

萧军就这样带着裴馨园写的介绍信、几本文艺书籍和零星的几毛钱，在一个接近黄昏的下午，走进位于哈尔滨道外正阳十六道街的东兴顺旅馆。萧军被旅馆的人带到走廊尽头，他叩响了那扇紧闭的房门。

关于与萧红的初见，萧军在回忆中写道：

我敲了两下门，没有动静，稍待片刻我又敲了两下，这时门忽然打开了，一个模糊的人影在门口中间直直地出现了。由于甬路上的灯光是昏暗的，屋内并没有灯光，因此我只能看到一个女人似的轮廓出现在我的眼前，半长的头发散散地披挂在肩头前后，一张近于圆形的苍白色的脸镶嵌在头发的中间，有一双特大的闪亮的眼睛直直地盯视着我，声音显得受了惊愕似的微微有些颤抖地问着：

"你找谁？"

"张廼莹。"

在说明来意之后，萧红将萧军让进门。在这间堆着杂物，散发着霉味儿的小房间里，萧军终于得以看清萧红的全貌：

她整身只穿了一件原来是蓝色如今显得褪了色的单长衫，

开气有一边已裂开到膝盖以上了，小腿和脚是光赤着的，拖了一双变了形的女鞋；使我惊讶的是，她的散发中间已经有了明显的白发，在灯光下闪闪发亮，再就是那怀有身孕的体型，看来不久就可能到了临产期了。

萧红得知来人是在《国际协报》上常发文章的三郎后，感到有些受宠若惊，她拿起床上的旧报纸，指着那篇题为《孤雏》的短篇小说，对萧军说："我读的就是这篇文章，很合我的脾胃。"

萧军起初对这个身怀六甲的女人毫无兴趣，他甚至想赶快逃离这个令人不自在的房间。但就在他放下书，出于客气地寒暄了几句准备离开的时候，萧红叫住了他："我们谈一谈……好吗？"

萧军迟疑着留下了，出于善意，他聆听着眼前这个女人不加修饰的悲惨遭遇。百无聊赖间，他发现散落在床上的几张信纸，拿过来一看，上面是一些用紫色铅笔描绘的花纹和《郑文公》的"双钩"大字，这些漂亮的花纹和字迹引起了萧军的好奇，他便问道：

"这是谁画的图案？"

"是我无聊时干的……就是用这一段铅笔头画的……"

"这些'双钩'字呢？"

"也是。"

"你写过《郑文公》吗？"

"还是在学校学画时学的。"

萧军又看到桌子上字迹工整的几行短诗，便接着问：

"这些诗句呢？"

"也是。"

在萧军这个已有名气的作家面前，萧红对自己这些小把戏有些害羞，苍白的脸颊上浮起一抹淡红的血色，狭窄逼仄的房间里渐渐被暧昧的氛围笼罩起来。萧军的心境却和刚进屋时完全不同了：

> 这时候，我似乎感到世界在变了，季节在变了，人在变了，当时我认为我的思想和感情也在变了……出现在我面前的是我认识过的女性中最美丽的人！也可能是世界上最美丽的人！她初步给予我那一切形象和印象全不见了，全消泯了……在我面前的只剩有一颗晶明的、美丽的、可爱的、闪光的灵魂！

萧红的美丽和才情就这样像一道惊雷直击萧军的内心深处。那一刻，萧军便在心中暗下决心，他必须不惜一切代价拯救她！拯救这颗美丽的灵魂！

看到桌子上几乎馊掉的半碗高粱米饭，萧军心疼不已，将身上仅有的五毛坐车钱留给萧红，自己走了十里路回到住处。

萧军临走前还警告旅店老板："钱不会少了你们的，但是你们不能够心存不良，别有打算！"旅店老板知道萧军在报社工作，也不敢恶言相向，客气地答应等萧军来赎人。

此后，萧军又多次看望萧红，但作为一个穷文人，他实在是无法筹到六百多元的房费。

谁也不会想到的是，一场天灾会给萧红打开逃生的大门。

一九三二年夏天，接连数天的暴雨导致松花江决堤，整个道外区被大水淹没，洪水与远处的天际相接，没有边际地漂漾着，人们要依靠小船才能出行。东兴顺旅馆自然也不能幸免，萧红孤寂地倚在窗前望着楼下在水中来来往往的人，逃难的逃难，救人的救人，仿佛每个人都有归宿，唯独自己没有，像是将要在这漫无边际的大水中困死一样。

我怎么办呢？没有家，没有朋友，我走向哪里去呢？只有一个新认识的人，他也没有家啊！外面的水又这样大，那个狗东西又来要房费，我没有。

然而事情并没有萧红想象得那么悲观。随着大水的漫延，旅馆的主人和客人陆续逃走，在恐怖的天灾面前，萧红欠下的几百元房费仿佛也显得无足轻重，没人还有心思关注这个被关在储藏室的女人，除了萧军。

当萧红望着涌动的水流，等待着命运的垂怜时，萧军则在为萧红的自由奔波着。他想雇条船到旅店接走萧红，但却身无分文，于是他将压在床板下面最好的那件制服拿去当铺换钱，可是当铺早已经关门，萧军无奈，便打算游水去找萧红。然而当他艰难地游到旅馆时，已经不见萧红的踪影。

原来，在绝境中，萧红看到楼下经过一艘运柴的小船，便拼命向划船的人呼救，船家本不想揽这个麻烦，但看到萧红快要临盆的肚子，只好将她搭救出来。自此，这段漫长的"囚徒"生涯终于得以画上句号，在茫茫无际的大水里。

萧红逃出旅馆后，按照萧军留下的地址，找到了裴馨园的家。裴馨园夫妇一直很同情萧红的遭遇，留萧红暂时住在客厅里养胎，因为临近产期，萧军几乎每天都要来看望她、照顾她，后来索性也在裴家住下。

这种寄人篱下的生活对性格同样倔强不爱受拘束的二萧来说是极度痛苦的，但一贫如洗的二人也实在无计可施。面对裴家人渐渐异样的眼光，他们也只能装作视而不见，白天就到大街上游荡，只有在吃饭睡觉的时候才回到那个令人十分不自在的"家"。

然而裴馨园的妻子黄淑英却又对他们出门游荡的行为不满，跟他们说："你们不要在街上走去，在家里可以随便，街上的人太多，很不好看呢！人家讲究着很不好听！你们不知道吗？在这街上我们认识很多朋友，谁都知道你们是住在我家的，假设你们不是住在我家，好看与不好看，我都不管的。"

某日，萧红肚子剧痛，想着应该是要生产了。疼痛混杂着汗水让萧红在没有被褥的土炕上几乎滚成泥人，萧军赶忙冒着雨去找车。然而他手上却拿不出雇车的钱，情况紧急，无奈之下，萧军从裴馨园处勉强借到一元钱，雇了辆马车，将萧红送到医院。

去往医院的这一路，被阵痛折磨着的萧红像是过去了一生一世。在颠簸的马车上，她觉得自己"像一个龃龉的包袱或是一个垃圾桶"，疼痛让她无数次想撕烂自己的肚子。经过一番周折到了医院，医生却说距离产期还有一个月的时间，打发两人回去，借来的钱全给了车夫。萧军在路上盘算着在这一个月的时间里一定要借到十五元的住院费，然而刚到家躺在炕上的萧红却又开始肚子痛。

显然,她肚子里的孩子等不了一个月了。

萧军此刻身无分文,他对医生的误诊也十分恼怒,便强硬地将萧红送进三等产妇室。萧红生下一个女婴后,便在病床上昏睡了两天。

孩子出生后,萧红并不像普通的母亲那样,怀着不可抑制的喜悦心情,将孩子抱在怀里,恨不得永远不分开。当看护抱着孩子向萧红走来的时候,她的心不住地跳动,像面对着极度不想面对的意外一样,拼命地拒绝着:"不要!不……不要……我不要呀!"

萧红终究没有多看孩子一眼。

夜间,孩子饥饿的号哭声一点点软化着萧红的心,她走下床想抱抱这个可怜的孩子,在与孩子咫尺之遥的时候,萧红还是没能伸出那双充满母性的手。她在《弃儿》中写道:

> 孩子咳嗽的声音,把芹伏在壁上的脸移动了,她跳上床去,她扯着自己的头发,用拳头痛打自己的头盖。真个自私的东西,成千上万的小孩在哭,怎么就听不见呢?成千上万的小孩饿死了,怎么看不见呢?比小孩更有用的大人也都饿死了,自己也快饿死了,这都看不见!真是个自私的东西!

萧红果决地将母女之情彻底斩断,将那抑制不住的母爱残忍地收押在内心深处。她又何曾不想做一个幸福洋溢的母亲呢?但是命运不给她这个机会,这个孩子没有父亲,这个孩子的母亲自己都在挨饿,她无法给她可以预见的将来,她能怎么办呢?

于是，在孩子出生后的第六天，萧红终于狠心将孩子送人了。她看着陌生的女人把孩子抱在怀里里离去的背影，终于意识到，自己终于为青春期失败的抗争做了狠心的终结，仿佛那些充满屈辱的过去也因为孩子的离开而被果决地抹去。

萧军在得知萧红将孩子送人后，夸赞她"是个时代的女人，真想得开。一定是我将来忠实的伙伴"。然而，粗陋如萧军，他作为一个永远不会经历生产之痛的莽撞武夫，又怎么能体会骨肉离别的痛呢？这份痛苦，只能由萧红一个人默默吞咽，同时还要努力做出新时代女性的淡然风范来。

此时，最大的"挂碍"已经除去了，剩下要操心的是住院费的问题。萧军再次打算把自己的制服拿去典当，然而那件制服从洪水过后的床下拿出时，早已被虫蛀得破烂不堪。萧军拿不出住院费，连吃牢饭的后果都想到了，最终院长看到两人实在没钱，便也不再为难。

萧红出院的时候，两人身上连雇马车的钱都没有。眼看同病房的产妇，都是怀中抱着孩子，坐着汽车离开，而自己离开的时候，既没有孩子也没有汽车，只有眼前艰难的路需要她一步步走下去。就这样，萧红在萧军的搀扶下，在刚刚生产完不久的情况下，徒步离开了医院。

由于萧红在怀孕期间经历了被遗弃，被软禁，以及跳窗逃生等一系列精神上和肉体上的折磨，产后也没有得到悉心照料，给萧红的身体造成了不可逆转的伤害。此后的萧红便常常处于多病的状态，也正是青春期的这些磨难，为她短暂的一生埋下了悲情的伏笔。

萧红产后无处可去，只好回到裴馨园继续借住，然而萧红毕竟是个外人，也不是平易近人的性格，长久住在别人家难免产生摩擦。时间久了，同住的裴家人开始向裴馨园妻子黄淑英抱怨萧红"孤傲、不通人情世故、没事儿找事儿"。当时黄淑英只有二十三四岁，不免年轻气盛，很容易受煽动，越发对萧红不满。终于有一次，因为一些不值一提的小事，黄淑英与萧红争吵起来，争吵过后黄淑英向萧军议论起萧红难以接近的性格，萧军对黄淑英的议论十分不满，也与她吵了一架，第二天就带着萧红离开了。

这世界上有一种人，似乎天生就血里带风，注定是四处流浪的命。萧军从出生便四海为家，萧红从成年后便四处流浪，这一对贫困交加的流浪者，在短暂的寄人篱下之后，又开始了流浪的生活。没有熟人口中的明枪暗箭，二萧反倒真正因为自由而放松下来了。纵然接下来的日子并没有着落，他们仍然因为终于要走向自己的生活而充满了期待，尽管这生活也都是不自觉地受着命运的驱使。

离开裴馨园家，二萧来到位于哈尔滨道里区十一道街的欧罗巴旅馆。旅馆的小房间粉刷着洁白的涂料，棚顶是斜坡的，除了一张床、一张桌子、一把藤椅便没有更多的摆设了，房间很小，小到离开床沿不到两步就可以摸到桌椅。

两人经过舟车劳顿甚是疲乏，想要喝口水却连个盛水的容器都没有，只好把热水倒在脸盆里喝，萧红刚倚在雪白的床铺上想要休息一会儿，一个高大的俄罗斯女茶房便进门来询问：

"租铺盖吗？"

"租的。"

"五角钱一天。"

"不租！"

萧红与萧军异口同声地改了主意。因为他们身上只有五元钱，其中五角还用来雇车了。旅店的房费是一天两元，一个月六十，本来一个月三十的房费因为发大水而翻了一番。茶房看出两人的经济状况，便多次催促他们交房钱，不交足六十元的房钱就要赶他们走，萧军气恼之下拿出行李中的剑指着对方说："你快给我走开，不然，我宰了你！"

茶房以为萧军手里裹在纸壳中的剑是一把长枪，吓得赶快报告了警察。当天晚上，警察破门而入，要逮捕萧军，但是发现他手中并非长枪后，态度便温和下来，只是收走了他的剑，临走前还告知他们："日本宪兵若是发现你有剑，那你非吃亏不可，了不得的，说你是大刀会。我替你寄存一夜，明天你来取。"

与萧红在欧罗巴旅馆短暂地安顿下来后，萧军就开始四处找工作以维持生计。冬日里出去找工作回来，常常已经被雪浸湿鞋袜，像一匹"受冻受饿的犬"。而萧红能做的，就只是守在小房间里等待着那熟悉的脚步声，在爱人回来的时候为他掸去身上的雪，为他暖一暖冻僵的手。

在欧罗巴旅馆的日子里，萧红最多的感受便是饥饿。正是这种切身的感受，让她在后来的文学作品中对饥饿的描述才那么细腻而真切。

当时的俄罗斯旅馆里，每天都会有专人提着装满面包的篮子在走廊里等着客人来买，萧红把这人叫"提篮者"。欧罗巴旅馆售卖的面包有两种，黑面包一角一个，"列巴圈"五分一个，尽管这两样的价格并不昂贵，但是对于二萧来说却是消费不起的奢侈品。

在等待萧军回来的时候，萧红总会被门外的列巴圈诱惑着。

> 这还是清早，过道的光线还充足。可是有的房间门上已经挂好"列巴圈"了！送牛奶的人，轻轻带着白色的，发热的瓶子排在房间的门外。这非常引诱我，好像我已经嗅到"列巴圈"的麦香，好像那成串肥胖的圆形的点心已经挂在我的鼻头上。几天没有饱食，我是怎样的需要啊！胃口在胸膛里面收缩，没有钱买，让那"列巴圈"们白白地虐待我！

在那个饥饿而绝望的晚上，萧军奇迹般地带回了二十元的钞票，这让萧红又惊又喜，原来，萧军做了家庭教师。

有了这二十块钱，两人暂时可以摆脱饥饿的侵扰了，萧军找到卖面包的提篮者，"仿佛一个大蝎虎样"贪婪地从篮子里取着面包，好像要把整个篮子都抱走才能满足。两人吃过面包，萧军便去教课，晚间回来时，还带着从典当铺里赎回来的两件衣服，一件长夹袍和一件小毛衣。

"你穿我的夹袍，我穿毛衣。"萧军吩咐道，随后便带着萧红到饭馆改善伙食。

萧红身上揣着珍贵的十几元钱，穿过电车道，穿过扰嚷着的破街，感觉走在路上都有了底气，城市里万家灯火也因为不再饱受饥寒之苦而变得温馨起来。

两人落脚的小饭馆是洋车夫和工人平日最爱去的，酒菜便宜实惠。萧红从来没有来过这样的地方，刚到时看到饭馆里坐满了人就想走，但是萧军告诉她，这地方吃饭是很随便的，有空就坐。

两人找了空位坐下来，点了五份小菜，半角钱的猪头肉，半角钱的酒，在老板的劝说下，还犹犹豫豫地点了一份丸子汤。

幸福感在食物的热气中升腾起来，此刻对于萧红来说，人生似乎没有什么比吃饱更需要争取的事情了，哪怕是看到被店家赶出门外的乞讨的老妇人，也并不能引起她昔日里对家国天下的悲悯之情，她沉浸在可以填饱肚子的喜悦里。生存，活下来，变成她此刻最大的憧憬和追求。

两人酒足饭饱后，在回家的路上还买了两块纸包糖，一块红的，一块绿的。回到家，躺倒在床上，伸出被染了色的舌头来比较，似乎想用这种最天真的方式留住这短暂而珍贵的快乐。

萧军起初做家庭教师的收入并不稳定，更多的时候，是空手而归。在饿得睡不着的夜里，萧红甚至动起了偷面包的念头。深夜里她趁着所有人都熟睡了，蹑手蹑脚地起来，走出房间。

>轻轻地扭动钥匙，门一点响动也没有，探头看了看，"列巴圈"对门就挂着，东隔壁也挂着，西隔壁也挂着。天快亮了！牛奶瓶的乳白色看得真真切切，"列巴圈"比每天也大了些。结果什么也没有去拿，我心里发烧，耳朵也热了一阵，立刻想到这是"偷"。儿时的记忆再现出来，偷梨吃的孩子最羞耻。

就这样，萧红尝试了三次，却始终没有踏破自己最后的底线，只能在饥饿中努力尝试着睡去，毕竟睡着就不饿了。

在最窘迫的时候，萧红不得不写信给中学的恩师求助，老师收到信后，很快就到旅馆来看望她，询问她的近况，还给她带来了一点钱，作为过渡困难的经费。

"爸爸，我们走吧。"老师的女儿对父亲没完没了的谈话感到烦闷，便不住地催促道。

萧红看着穿着花旗袍的小女孩儿，心中不免感叹道："小姑娘哪里懂得人生！小姑娘只知道美，哪里懂得人生？"于是想到自己十几岁时，也不懂得人生，不懂得"饿"，只知道美。如今终于尝到了人生的苦涩，而生命里却再也没有第二段十几岁的人生让她重新来过了。

第七章

困苦跋涉　患难与共

❋　❋　❋

光线完全不能透进屋来,四面是墙,窗子已经无用,封闭了的洞门似的,与外界绝对隔离开。天天就生活在这里边。素食,有时候不食,好像传说上要成仙的人在这地方苦修苦练。很有成绩,修炼得倒是不错了,脸也黄了,骨头也瘦了。我的眼睛越来越扩大,他的颊骨和木块一样突在腮边,这些功夫都做到,只是还没成仙。

——《黑列巴和白盐》

❋ ❋ ❋

一九三二年十一月,欧罗巴旅馆的生活随着萧军被哈尔滨铁路局的一位汪姓处长聘为家庭教师而告终。萧军与萧红搬进位于道里区商市街的汪处长家,他们的全部家当其实也就只有一个条箱而已。

新家空荡荡的。萧军借来了一张铁床,一张桌子和两把椅子,随后又到集市上去置办生活用品。

铁床上连层能取暖的褥子都没有,搬家赶路消耗了萧红大量精力,腹痛的毛病又开始发作,她想躺在床上休息一会儿,但面对像冰一样冷的床,只好退却了。

萧军回来时,带回了小刀、筷子、碗、水壶、白米和木柈等等各样的生活用品。这是萧红离开家庭后第一次面对家务,她努力学着主妇的样子,生火,准备晚餐,结果火炉点了几次都点不着,白米饭也是半生着吃的。

萧红明白,以后的日子里,自己不再是那个乡绅家的大小姐,也不是只需要吟诗作画的女学生。有了自己的家,饭要自己做,房子要自己打扫,她这才体会到真正的"妇人"的生活,这生活的起点并没有想象中的轻松甜蜜,反而令她手足无措,甚至懊恼。

> 火炉烧起又灭了,灭了再弄着,灭到第三次,我懊恼了!
> 我再不能抑止我的愤怒,我想冻死吧,饿死吧,火也点不着,饭也烧不熟。就是那天早晨,手在铁炉门上烫焦了两条,并

且把指甲烧焦了一个缺口。火焰仍是从炉门喷吐,我对着火焰生气,女孩子的娇气毕竟没有脱掉。我向着窗子,心很酸,脚也冻得很痛,打算哭了。但过了好久,眼泪也没有流出,因为已经不是娇子,哭什么?

然而时间久了,一切也就自然而然地熟练起来,萧红学会了生火做饭,学会了照顾萧军的饮食起居。她会把火炉台擦得锃亮,把各式生活用品摆放得井然有序,米饭再也不会半生不熟。她已经可以迅速地把炉子生好,待到烧热的时候在旁边烧饭,把葱花炒得金黄,熟练地把削得干干净净、切得整整齐齐的土豆下锅炒熟,再盛出煮好的米饭。然后一边看着窗外戏耍的小狗,一边等着萧军回来吃饭。

当柴米油盐成了生活的主旋律,萧红终于明白:"这不是孩子时候了,是在过日子,开始过日子。"

显然,做家教的微薄薪水并不能维持两个人的日常开销,萧军经常要出去借钱,在没有白米的日子里,黑列巴和白盐成了两人每日的晚餐。萧军吃惯了苦,这点艰难对他来说还不算难以承受。

"我们不是新婚吗?这不是正在度蜜月吗?"萧军学着电影里的样子,把盐像奶油一样涂在列巴上,先给萧红咬一口,再把剩下的放进自己口中,然后很快就因为盐太多而去喝水,边喝边打趣道:"不行不行,再这样度蜜月把人咸死了。"

入冬,天气越来越冷,严寒更容易消磨人的心智,尽管如此,萧军也还是要披着借来的夹衣去给汪家的孩子教武术。萧红一个人等在屋子里,看着窗外漫天的飞雪,担心着没有帽子的萧军会不会冻坏，忧愁着自己将要很长一段时间因为严寒而不能出屋，只能躲在炉子前烤火。

大雪让萧红心神不宁，夜间还做了噩梦。她梦见一大群小猪沉到雪下面去；梦见麻雀冻死在电线上，虽然死了，却仍挂在电线上；梦见行人在旷野白色的树林里一排排地僵直着，还有一些把四肢都冻丢了。

梦醒后，萧红紧紧抱着萧军，把这些惊悚的梦境讲给他听。萧红觉得这些可怕的梦或许是生活的某种征兆，而事实上她只是想得到对方一点温柔的劝慰，然而萧军听后只是觉得萧红想得太多："真糊涂，一切要用科学的方法来解释。你觉得这梦是一种心理，心理是从哪里来的？是物质的反映。你摸摸你这肩膀冻得这样凉，你觉到肩膀冷，所以你做那样的梦！"

说罢，萧军便又沉沉睡去。萧红也只好独自一人继续忍受这寒冷无眠的黑夜。

相比萧军的乐天派，萧红是苦闷的，毕竟新家的生活仍然是时常的挨饿和无边无际的等待。

这段生活在一九三五年初到上海时，被萧红几乎事无巨细地记录了下来，并集结成散文集《商市街》出版。这几十篇充满生活气息的文章，几乎都是充满着对于生活的愁苦，哪怕是提到仅有的趣事，也都隐隐泛着哀伤的情绪。

在一篇名为《他的上唇挂霜了》的散文中，萧红曾发出过这样的呐喊：

夜间他睡觉也不醒转来，我感到非常孤独了！白昼使我对着一些家俱默坐，我虽生着嘴也不能言语，我虽生着脚也不能走动，我虽生着手而也没有什么做，和一个废人一般，有多么寂寞！连视线都被墙壁截止住，连看一看窗前的麻雀也不能够，什么也不能够，玻璃生满厚的和绒毛一般的霜雪。这就是"家"，没有阳光，没有暖，没有声，没有色，寂寞的家，穷的家，不生毛草荒凉的广场。

诚然，在生存面前，爱情和浪漫显得无足轻重，甚至有些矫情。萧红与萧军几乎被一扇门隔绝在两个世界里，一个在家门之外终日奔波，一个在家门之内无望地等待。

萧红实在无法忍受这种活在笼子里的生活，便想着等身体恢复一些就出去工作。恰好听说他们的朋友金剑啸当时在一家电影院画广告，每个月有四十元钱的收入，于是她开始注意起报纸上招广告员的消息来，萧红想着自己念书时学过画画，画广告的工作应该难不倒她。不久后她看到《国际协报》上登着招广告员的消息，便想叫萧军也去试试，没想到萧军却十分不赞成。

"尽骗人。昨天别的报纸上登着一段招聘家庭教师的广告，我去接洽，其实去的人太多，招一个人，就要去十个，二十个……"

"去看看怕什么？不成完事。"

"我不去。"

"你不去我去。"

第二天，萧红早早就在当日的报纸上看到那条广告更新了月薪，同样是四十元，萧红喜出望外，又劝萧军与自己同去。萧军态度也软了下来，在去面试的路上还遇到了一样去应聘的金剑啸。

结果到了招聘的商行，却赶上周日不上班。萧军本就不愿意走这一趟，吃了闭门羹后更是一肚子怒气，开始埋怨萧红。萧红也很生气，觉得萧军不去埋怨商行或者电影院，反倒埋怨她，很没道理。于是两个人就争吵起来。

萧红因为生气，便不再提做广告员的事。没想到两天后，萧军从外面回来却主动提起了，原来这两天他都有到电影院去，却都被打发回来，这让他十分窝火。

"我去过两次，第一回说经理不在，第二回说过几天再来吧。真他妈的！有什么劲，只为着四十元钱，就去给他们耍宝！画的什么广告？什么情火啦，艳史啦，甜蜜啦，真是无耻和肉麻！"

萧军越说越生气，最后索性破口大骂："你说我们能干那样无聊的事？去他娘的吧！滚蛋吧！真是混蛋，不知耻的东西，自私的爬虫！"

萧红看到萧军这样愤怒，也只好慢慢放下了这件事。但是不久后这件本该被淡忘的事情却因为与金剑啸的偶遇而再次被提起。

那天萧红与萧军本来是在中央大街上闲逛，正好遇见金剑啸，他当时正做着给电影院画广告的工作，因为忙不过来，就邀请两个人过去帮忙，工钱分一半给他们。

等到约好见面的时间快到了，萧红却刚做好饭，眼看来不及吃饭了，萧军便又借机发作："做饭也不晓得快做！磨蹭，你看晚了吧！女人就会磨蹭，女人就能耽误事！"

萧红并没有与萧军争吵。两人到约定地点等了半个小时，却不见朋友的身影，萧军一气之下离开了，留萧红一个人等金剑啸。

晚上回到家，两人吵架吵到半夜，萧军去买酒喝，萧红便把酒抢过来喝，两个人抱头痛哭。萧军喝醉了，躺倒在地板上喊叫着："一看到职业，什么也不管就跑了，有职业，爱人也不要了！"

第二天，萧红和萧军还是一同到电影院画起了广告，萧红给金剑啸做副手，萧军给萧红做副手。然而，这场为了二十元钱的风波，却在第三天就以二人被解聘终结了事。

随着日久天长的相处，两人一见钟情时的热情也渐渐冷却下来，矛盾也渐渐多了，萧红越发觉得眼前的爱人对自己是漠不关心的。

某次，两人实在没钱，就打算把萧红一件新做的棉袍拿去典当，两人互相推诿了一番，最终让萧红去当铺。萧红本想着这件崭新的棉袍能当两元，但是当铺老板却以"袖子太瘦，卖不上价"为由只给了一块钱。尽管没有达到预期，这一块钱对萧红来说也足够吃好几天的饱饭了，于是她便带着钱欣然回家去。

带着一元票子和一张当票，我快快的走，走起路来感到很爽快，默认自己是很有钱的人。菜市，米店我都去过，臂上抱了很多东西，感到非常愿意抱这些东西，手冻得很痛，觉得这是应该，对于手一点也不感到可惜，本来手就应该给我服务，好像冻掉了也不可惜。走在一家包子铺门前，又买了十个包子，看一看自己带着这些东西，很骄傲，心血时时激动，至于手冻得怎样痛一点也不可惜。路旁遇见一个老叫化子,又停下来给他一个大铜板,我想我有饭吃他也是应该吃啊!然而没有多给,只给一个大铜板,那些我自己还要用呢!又摸一摸当票也没有丢,这才重新走,手痛得什么心思也没有了,快到家吧!快到家吧,但是,背上流了汗,腿觉得很软,眼睛有些刺痛,走到大门口才想起来,从搬家还没有出过一次街,走路腿也无力,太阳光也怕起来。

回到家后,萧军仍像她离家时那样躺在床上,萧红便把热腾腾的包子拿给他,萧军正饿,便狼吞虎咽地吃起来,吃了一大半,才想起问萧红一句:"当多少钱?当铺没有欺负你?"然而,他并不知道,带着十个包子回来的萧红也正饿着肚子。

"才一元,太少。"

就这样,萧红看着萧军一个个地将包子吃完,终究也没给自己留一个。

其实两人之间更大的问题,是在于第三者的介入。

萧红曾经询问过萧军对爱情的看法,萧军的回答简单又坦然:"爱便爱,不爱便不爱。"那时候萧红便预料到,纵使萧军爱她,也不会长久地爱她。

这种感觉,在与萧军初识的时候就存在,那时萧红就写了一首名为《幻觉》的诗,诗中满是对爱人移情别恋的忧愁。

昨夜梦里:

听说你对那个名字叫 Marlie 的女子,

也正有意。

是在一个妩媚的郊野里，
你一个人坐在草地上写诗，
猛一抬头，你看到了丛林那边，
女人的影子。

我不相信你是有意看她，
因为你的心，不是已经给了我吗？

……

我的名字常常是写在你的诗册里。
我在你的诗册里翻转；
诗册在草地上翻转；
但你的心，
却在那个女子的柳眉樱唇间翻转。

早在两人住在欧罗巴旅馆的时候，萧军就曾在酒后流露出对过去爱人的念念不忘。

那次两个人在饭馆吃完饭回去，萧红看到萧军破烂的袖口，想给他缝补一下，萧军却抚着袖口陷入了回忆。

"敏子……这是敏子姑娘给我缝的……你看这桃色的线……

是她缝的……敏子缝的……"

"很好看的,小眉眼很黑……嘴唇很……很红啊!"在梦中萧军说到恰好的时候还在被子里紧紧捏着萧红的手。

"嘴唇通红通红……"在睡意朦胧间,萧军仍然不住地念着"敏子"的名字,全然不在意萧红的感受。

萧军在生活上是个不拘小节的人,在情感上也是如此,他可以出于英雄主义将萧红从泥淖中救出来,也会出于英雄主义将他"伟大的爱情"分给其他人。

萧军的雇主汪局长有个女儿唤作汪林,是个时髦漂亮的女孩子,在萧红刚搬来时便很熟络地与之攀谈,说自己与萧红在一个学校念书,曾经在学校里每天都能看到她,虽然萧红那时并不认识她,但毕竟自己住在对方的家,与她交往时十分客气。

汪林比萧红小几岁,却是典型的富家千金的样子:长身材,细腰,常常穿着华丽的衣裳和细高跟鞋,走起路来哒哒作响,很难不吸引人注意。

因为与萧红年纪相仿,又是同校,相处时间长了,汪林也就和二萧成了朋友。有时候看到坐在窗前等萧军回家的萧红,汪林会开玩笑地说:"啊!又在等你的三郎……他出去,你天天等他,真是怪好的一对!"

有一次,汪林在院子过道遇见萧红,便问她有没有看最近胡蝶主演的电影,萧红当时正受着饿肚子的苦,哪有闲情逸致去看电影呢,只好敷衍着回答:"没去看。"可是汪林并不明白他们的处境,便接着说:"这个片很好,煞尾是结了婚,看这片子的人都猜想,假若再演下去,那是怎样度着美满的……"萧红看着她长长的垂在肩上的耳环,便觉得周身发冷,连她的邀请也拒绝了。

这时候在院子里碰见回家的萧军,汪林便向萧红大喊:"和你度蜜月的人回来啦,他来了。"

汪林的年轻、美丽、浪漫,对于萧红而言是刺眼的。毕竟在这个荒凉的小家里,萧红一无所有,虽然她也才二十几岁,却因为长久的奔波而面色憔悴。虽然她有一颗绝对的浪漫主义者的心,但困苦的生活却不给她一丁点施展的空间。

夏天,酷暑难耐,二萧与汪林结伴到松花江边的太阳岛上游泳避暑,夜里住在太阳岛上。萧红身体不好,总是因为疲惫先回房睡觉,而萧军则会与汪林在院子里乘凉、聊天到深夜,聊天的内容无非也是恋爱、结婚、跳舞之类的让萧红提不起兴趣的东西。

这样的夜晚持续了好几天。有一天,萧军回到房间忽然对萧红说:"她对我要好,真是……少女们!"

或许是被萧军身上独特的男子气概所吸引,或许是出于对萧红的挑衅,或许是为了证明其自身的女性魅力,汪林终于在那个夏天的夜晚向萧军表白了。

"我坦白地对她说了:我们不能够相爱的,一方面有吟,一方面我们彼此相差得太远……你沉静点吧……"

汪林被萧军拒绝后,他们便再没有月下乘凉到深夜,她也开始有意避开他们,即便是结伴出游也不再是三个人,而是和其他的朋友一起。

而"程女士"的出现,让萧军第一次在情感上真正地背叛了萧红。

萧军是在外学车时认识了从南方来投奔哥哥的陈涓。某天，他回到家对萧红说："新认识一个朋友，她从上海来，是中学生。过两天还要到家里来。"

两天后，萧军就和朋友带着陈涓来到家里，朋友向萧红引荐，说陈女士是专门来拜访萧红的。

"我到此地四十天了！我的北方话还说不好，大概听得懂吧！"陈涓初来乍到，在人群中却一点都不拘束，落落大方。

萧红为这件事专门写了一篇文章，叫作《一个南方的姑娘》，文章里，她把陈涓称为"程女士"。初见陈涓，萧红的印象是这样的：

我慢慢地看着她，大概她也慢慢地看着我吧！她很漂亮，很素净，脸上不涂粉，头发没有卷起来，只是扎了一条红绸带，这更显得特别风味，又美又净，葡萄灰色的袍子上面有黄色的花，只是这件袍子我看不很美，但也无损于美。

陈涓说自己看到萧军的文章觉得很是钦佩，又看到"三郎"这个笔名以为他是日本人，遂对他产生了好奇，没想到机缘巧合竟然与他见了面。

这时候汪林也来了，本想找他们去滑冰，见到来访的陈涓，很是熟络地打招呼，萧红看着她们很熟的样子有些不解，便问："你们怎么也认识呢？"

"我们在舞场认识的。"汪林答道。

萧红明白过来，原来陈涓和汪林一样，也是个浪漫主义的大小姐，也就对和她交朋友这件事失去了兴致。然而陈涓还是经常来家里拜访，有时候会约他们去滑冰，有时候只借冰鞋，渐渐地，她对萧军比对萧红更加亲近，甚至在几乎天天见面的情况下，还要互相通信。

有时候萧红到厨房做饭，陈涓便与萧军在屋子里"喳喳"地讲些悄悄话，待萧红进屋里来时，这悄悄话便戛然而止，若无其事地谈起别的事情。

临别时，萧军送她出门，她还会小声地问萧军："有信吗？"这时候萧军总会大声地回答："没有。"

萧红在文章中写道：

> 我看她近些日子更黑一点，好像她的"愁"更多了！她不仅仅是"愁"，因为愁并不兴奋，可是程女士有点兴奋。

恋爱中的小女儿姿态，萧红作为过来人又怎么会看不出来呢，只可惜让她心如刀绞的是，这天真的姑娘爱恋的对象却是自己的爱人。

萧红虽然并未挑明，但也并不能对眼前的一切心如止水地容忍下去，她不满的情绪难免自然流露出来。不久，陈涓也察觉到萧红家气氛的变化，就渐渐来得少了，可是她与萧军并未断了联系。

此后不久，陈涓决定回到南方去，在向萧红辞行的时候，还故意带着自己的男朋友，大概是为了消解萧红心中的隔膜。

萧红去世后，陈涓曾用"一狷"为笔名写了一篇上万字的文章，来澄清自己与二萧之间的那段往事。提及两人通信的事，陈涓解释，是萧军在她不明所以的情况下塞给她的信件，信中还夹着一朵枯萎的玫瑰花。

回到家好奇地先拆那封信，信里面除一张信纸还附有一朵枯萎的玫瑰花。信的字里行间除了慰勉我努力上进之外，也绝无有一个字涉及这朵枯萎奇异的玫瑰花。我真是纳闷得很。但是尽管我如何愚笨，这种弦外之音，当然也能明白一二的。不过我心里反而不能泰然了。这样一来，不是弄假成真了吗？教我如何对得起人？无论她对我怎样憎嫌，我并没有对她改变初衷，我一定要再见她一次解释你们之间过敏的误会。这样我便在当天下午五时又上你们那儿去了，同时还请X君一同去，我要他来证明——他就是我在H地（哈尔滨）邂逅的爱人，证明我自有我心目中的人儿，解释了"恋情是恋情，友情是友情"的自我观念，希望能释除她的疑惑，杜绝你的感情，不要使我们走到岔路上去。

陈涓向哈尔滨的友人们辞行，大家打算在她离开前为她践行。三巡酒后，陈涓与萧军一同去买酒，萧军还主动亲吻了她，而在她的解释中，自己一直是懵懂的被动者。

塞北的夜寒冷得很，你（指萧军）也许不觉得冷，我被过多的酒精燃烧着，也不觉得冷。两人默默地走着，买完酒我回家了，在到我家的大门口，你突然在我的脸上吻了一下，飞一样地溜走了。我想问你："这是怎么一回事？"但已经来不及，因为你早已消失在黑暗中了。

陈涓虽然离开了，但并没有因此而消失在二萧的人生里，在几年后他们到上海时，还有了更多的交集。但那段纠缠不清的恋情终究随着陈涓结婚生子而被尘封进三人的记忆里，被心照不宣地假装遗忘。

萧军对萧红的爱建立在英雄救美的成就感上，而萧红对萧军，既是别无选择的依赖，也是日久天长的习惯。萧军是充满男性魅力的，而萧红是缺乏生命力的，两人的结合就像水和火的相遇，总要有一方需要牺牲自我。显然，萧红是自我牺牲的那一方。

与萧军在哈尔滨同居的这两年，对萧红而言，是人生最重要的转折。这短短的两年，她经历种种身份的转变，她从一个落难小姐变成一个遗弃孩子的母亲，从一个不会烧饭的少女变成承包一切家务的主妇。这些转变似乎又不是她本人决定的，更多时候，她就像滔滔江水中的一粒石子，无法改变自己的轨道，只能顺着水流的方向跌跌撞撞地前行，也无法改变自己的形状，只能按照这个男人的设想被任意拿捏。

萧军为萧红带来了新生和希望，也带来了无限的痛苦。然而，对萧红或是对萧军本人而言，他带给她最大的影响，就是将她引向了文学这条道路。萧红去世，萧军回忆起那段充满遗憾的往事时曾感叹道："至少我发现并拯救了一个未来出色的女作家！"

在哈尔滨这段饥寒交迫的日子里，萧红为自己所做的唯一的救赎之举，便是遵从灵魂的召唤，拿起了纸笔，走向了人群。

第八章

走向人群　崭露头角

❋　❋　❋

　　第二天我也跟着跑到印刷局去，使我特别高兴，折得很整齐的一帖一帖的都是要完成的册子，比儿时母亲为我制一件新衣裳更觉欢喜……我又到排铅字的工人旁边，他手下按住的正是一个题目，很大的铅字，方的，带来无限的感情，那正是我的那篇《夜风》。

——《册子》

❋ ❋ ❋

哈尔滨尚志大街有一处俄式院落，院落东侧住着画家冯永秋，西侧住着香坊警察署署长黄田和妻子袁时洁。黄田夫妇的房子很宽敞，屋内客厅、卧室、书房、厨房、厕所一应俱全。这里地处哈尔滨市中心，房子也足够宽敞，便自然而然成了哈尔滨进步人士们聚会的场所。

据袁时洁介绍，来这里参加活动的有作家、诗人、画家、职员、教师、学生等各界人士。他们有的是共产党员，有的是左翼活动家，都是为了拯救国家的危难而聚集在这里。

黄宅的客厅里有一张铺着精美桌布的大方桌，桌子四周摆放着六七把椅子，都是为来此聚会的进步人士们准备的。客厅正南有两扇大窗户，院子里来往的房客只要稍加留意就能看到屋内人的动向，这对于他们的"地下活动"来说是非常不方便的，于是黄田夫妇就在窗前种满了牵牛花。夏天一到，盛开的牵牛花爬满窗户，既点缀了房屋，又遮住了大窗的视野，一举两得。

此后，这座房子便被黄田命名为"牵牛房"，为了与房子的名字匹配，黄田还给每一位来客都取了与牛有关的外号，比如"胖牛""瘦牛""傻牛""黄牛"之类的。

二萧能成为"牵牛房"的访客，还是通过画家金剑啸的关系。

据说萧军和金剑啸是在一个小酒馆中认识的，简单的闲聊中发现彼此都是爱国青年，因而成为朋友。当时的金剑啸已经是一名共产党员，并且在秘密从事着革命活动。

一九三二年秋天，金剑啸发起"维纳斯助赈画展"的赈灾活动，萧红为画展捐了两幅粉笔画，赈灾活动结束后，金剑啸便成立了名为"维纳斯画会"的绘画组织，并经常在画家冯永秋家开展活动，久而久之，冯永秋和同院黄田的家就渐渐演变成了"牵牛房"。

萧军与萧红也正是通过金剑啸才得以结识更多革命志士的。

二萧初到"牵牛房"时，正饱受贫困之苦，经常吃了上顿没下顿。相比他们，"牵牛房"的主人黄田夫妇则体面多了，他们住在宽敞的房子里，还有仆人照料着。

萧红第一次到"牵牛房"，看到仆人拿着三角钱去买松子，心中焦急不已，她觉得把三角钱拿去买松子实在是太多余太浪费了，松子又不是什么可以充饥的食物。但作为一个初来乍到的新人，这些话她是不敢说出口的。于是为了填饱肚子，她就把松子当饭吃，一把接一把地送进嘴里。回家后，萧红与萧军提起自己做过的这件"蠢事"，本想着萧军会笑话自己，没想到，两人当时的想法竟不谋而合，萧军也悄悄把松子当成饭吃了。

袁时洁知道萧红、萧军生活窘困，一直想帮助他们，但又不想表现得太明显，伤了他们的面子。一次夜里聚会散会时，她偷偷塞给萧红一个信封，还嘱咐萧红："这信你到家去看好啦！"萧红与萧军回到家，打开信封，发现里面竟放着一张十元钱的钞票。

看到这十元钱，萧红喜出望外，走在街上都觉得自己有了有钱人的底气，仿佛"脑中、心中、脊背上，腿上，似乎各处有一张十元票子，被十元票子鼓励得浅浮得可笑了"。

除了喝酒、跳舞这些固定节目，大家最经常做的还有思想论争。比如有一次，大家玩累了坐下喝茶的时候，闲聊着就聊到了"做人"的问题。

怎样是"人"，怎样不是"人"呢？

有人说："没有感情的人不是人。"

有人说："没有勇气的人不是人。"

"冷血动物不是人。"

"残忍的人不是人。"

"有人性的人才是人。"

说着说着大家便争论起来。

"人是情感的动物，没有情感就不能生出同情，没有同情那就是自私，为己……结果是互相杀害，那就不是人。"一个人瞪大着眼睛反驳所有的观点，但很快另一个人就更加激动地站出来反驳："你说得不对，什么同情不同情，就没有同情，中国人就是冷血动物，中国人就不是人。"

这些或温和或激进，或极端或片面的观点，在热烈的论争中迸发着思想的火花。这些看似不经意的插曲和片段对萧红的影响却是巨大的，尽管当时的她一无所有，但她似乎一刻也没有忘记自己的初心，没有忘记自己走出舒适的家庭不惜忍受暴虐的生活所要换来的改变。

她的内心始终是追求着自由和解放的，所以她对自己年轻的朋友袁时洁说："一个女人想要翻身，必须自己站起来，参与革命事业，不给男人当'文明棍'，不给男人当'巴儿狗'。"

袁时洁听这些话的时候，其实只有十七岁，还并不像萧红那样老早就看透了人生的复杂残酷。然而正是因为听了萧红的这些话，她才受到了很大的鼓舞，不久之后，她到延安参加了革命，还加入了中国共产党。

除了经常参加"牵牛房"活动，萧红与萧军还是"星星剧团"的重要成员。为了积极展开抗日工作，金剑啸组织创办了"党领导下的第一个半公开性质的抗日演剧团体"——"星星剧团"，除了二萧，罗烽、白朗、舒群、徐志、白涛等人都是剧团的核心人员。剧团之所以取名"星星剧团"，寓意就是"星星之火，可以燎原"。

在金剑啸和罗烽的主导下，剧团主要排演了三部剧作，分别是美国进步作家辛克莱的《小偷》、女作家白薇的《娘姨》和张沫元的《一代不如一代》。剧团平时的排练地点就是"牵牛房"和民众教育馆，二萧在剧目中都扮演了非常重要的角色：萧军在《小偷》中饰演受律师诬陷而被迫当小偷的男主角杰姆，萧红在《娘姨》中饰演一个生病的老妇。

二萧为了能把角色演好，经常读剧本到深夜。在经过数月的排练，剧目终于可以搬上舞台的时候，却因为剧团拒绝了民众教育馆馆长让他们在"满洲国"纪念日演出的邀请，而失去了公演的机会。

对萧红而言，在"牵牛房"和剧团的日子是轻松愉快的，毕竟终于不需要整日守在巴掌大的卧室里数着爱人的脚步声过日子了。活动在自由而充满朝气的氛围里，更有一群当时最为才华横溢的文人墨客相伴，萧红心中已经被贫瘠的生活压抑许久的渴望创作的灵魂被唤醒了。

一九三三年四月，萧红根据自己从困居东兴顺旅馆到生产的那段经历创作了散文《弃儿》，并发表在《大同报·大同俱乐部》上，署名"悄吟"。萧红流畅的行文、细腻的笔触和对于生命的别样的体悟，很快就给人们留下了深刻的印象。

五月，萧红创作了第一篇短篇小说《王阿嫂的死》，随后又陆续创作了《看风筝》《腿上的绷带》《小黑狗》《夜风》等数篇短篇小说。从此，"悄吟"这个名字在东北渐渐被越来越多的人熟知。

当时，东北进步作家的主要文学阵地就是《国际协报》和《大同报》，而金剑啸、舒群、陈华等人作为这些报刊的主要负责人，为了更大范围地宣传抗日，便决定为《大同报》创办文艺副刊。

《大同报》是当时伪满洲政府的官方报纸，所以一旦创办副刊，发行量和影响范围都非常大，这个决定很快就得到朋友们的支持。大家聚在一起给副刊取名字的时候，萧红正好也在，想到自己正身处在日本侵略者带来的漫长黑夜中，想到作为青年人身上所背负的责任，便为报刊取了《夜哨》这个名字，意为"在漫漫的黑夜中，有我们这群哨兵在警惕，监视着敌人，保卫着祖国"。大家一致同意了萧红的提议，于是这份承载着东北进步青年热烈的家国胸怀的副刊诞生了。

萧红的短篇小说《两个青蛙》发表在《夜哨》的创刊号上。小说中，进步青年被捕了，但他们养的青蛙却从两只变成了一群，萧红通过青蛙繁殖的暗喻来表达对革命的信心，给人带去了莫大的鼓舞。

然而这本革命色彩过于明显的副刊还不足五个月便夭折了，因为刊登了李文光写的揭发日军在东北农村的暴行而被勒令停刊。以此同时，与此相关的编辑、作者也成了当局的重点关注对象。

从一九三三年八月六日创刊，到一九三三年十二月二十四日停刊，萧红几乎在每一期都有作品发表。尤其是她的小说《夜风》，几乎是针针见血地揭露了地主阶级对贫苦农民的残忍剥削和无情欺骗，并在文中多次提到抗日联军的活动，虽然在文中被"×军"替代，但读者心中却都明白，这群人为了宣传抗日思想在做着怎样的努力。

一九三四年一月，《夜哨》停刊后，大家转移阵地，为《国际协报》设立《文艺》副刊，由罗烽的妻子白朗担任主编。当时在《夜哨》发表文章的作者们全部更换笔名，继续在《文艺》上发表文章，萧红改笔名为"田娣"，并发表了《镀金的学说》《患难中》等文章。著名的《生死场》的前两章也是在这个时期发表的。

当时的许多作者都有自己的稳定工作和收入，所以是免费为报刊投稿的，但二萧却不同，他们的工作不稳定，收入更是少得可怜，甚至常常没有，为了投身抗日，更是把更多的时间都用在写文章上。考虑到他们的情况，主编白朗专门找到报馆，为他们争取到每个月二十元的固定稿酬，这才让他们解决了吃饭问题，从而更加专心地投身创作。

随着二萧的文章不断地出现在人们的视野，他们的名气也渐渐大了起来，这时候朋友们萌生了为他们出书的念头。

然而，出书也需要成本，一本书的出版费需要一百五十元，这对一贫如洗的二萧来说，简直就是一个不可企及的天文数字。朋友们十分理解这本书不但对二萧来说意义重大，对东北文坛来说也是一笔重要的文学财富。

所以为了让这摇篮中的精神成果不至于夭折，他们开始"认股"集资，每人出资五元钱，一定要集齐这一百五十元的出版费用。此外，舒群省吃俭用，把党组织给的三十元生活费贡献了出来，陈幼宾也拿出了十元。然而这些钱到底还是不够一百五十元，最后，承担出版印刷工作的哈尔滨"五日画报社"社长王歧山力排众议，免去了余下的印刷费用，这本《跋涉》才得以出版面世。

《跋涉》收录了萧军的《桃色的线》《烛心》《孤雏》《这是常有的事》《疯人》《下等人》六篇作品，收录了萧红的《王阿嫂的死》《广告副手》《小黑狗》《看风筝》《夜风》五篇作品。金剑啸还为这本书设计了封面。尽管过了几十年，萧军回忆起来，还是对封面的样式仍然记得清清楚楚。

> 也还记得，这书的封面原请金剑啸代为设计，是图案式的，有山也有水。山是灰黑色金字塔形，水是几条银色的曲线条纹，它们全画在一条约一寸五分宽的窄带之上，横栏在封面三分之二的地方。下边写"跋涉"两个字和二人的署名。书原名叫《青杏》，最后才改为《跋涉》这名字。

为了加快出版进度，萧红几乎是没日没夜地抄写，摇曳的烛光照得人眼睛生疼，她也咬牙忍着，她珍爱着这本书，就像在等待一个与爱人共同孕育的、即将降生的孩子一样。

第二天，萧红跟着萧军一起到印刷局去参观印刷，萧红看到那些即将被装订成册的书页，简直比小时候看到母亲为自己做新衣服还要高兴。

为了庆祝新书的出版，二萧离开印刷局后，去吃了一顿外国包子，还喝了两杯伏特加酒，喝完酒又到松花江上游泳。结果萧军弄丢了自己的上衣，两人本想游到江上找衣服，却意外捡到了一条鱼，便决定把鱼带回家做晚餐。

为了不让萧军赤着上身走回家去，萧红先跑回家为萧军拿衣服，待到她满头大汗回到江边时，却看到萧军正悠闲自在地与人喝茶。

萧红本想着萧军会问自己一句"你热吧"，但萧军并不问萧红，而是先问鱼："你把鱼放哪里啦？用水泡上没有？"

萧红想要五分钱去买煎鱼用的醋，萧军却说钱都用来喝茶了。萧红本来对萧军的态度十分不满，听到这话就更不高兴，而萧军却觉得她这是神经过敏。

待到他们准备完册子的最后部分，送到印刷局印刷的时候，正赶上中秋节，印刷工人放假三天。他们实在对这本书盼望了太久，不想再多等一天，于是索性自己装订起来。

在那个阴沉空旷的印刷厂内，两人锤铁丝钉，数页码，抹糨糊，待把一百本书都装订好的时候，早已累得腰酸背疼。然而亲眼看着自己的作品印成铅字，装订成册，心中却是激动无比的，这应该是每个刚刚踏上文学之路的作者最幸福的时刻了。

萧军雇来一辆斗车，把一百本书装上车运回了家里。他们把一部分书赠送给朋友，其余的大部分发往书店销售。这本书的面世对当时的东北来说，算是引起了不小的轰动，很多人都感叹三郎与悄吟是非常有才华和前途的作家。

不久后，萧红的弟弟张秀珂偶然在齐齐哈尔的一家书店看到《跋涉》这本书，在得知悄吟就是自己的姐姐之后，便立马给报社写信询问情况。萧红收到弟弟的来信自然欢欣不已，立刻给弟弟回信，还建议弟弟来哈尔滨上学。

然而好景不长，因为这本书没有经过日本人审查，出版之后很快就被当局禁止售卖，甚至还听到警察局将要逮捕他们的流言。二萧与周围人一度陷入恐慌，萧红也与弟弟失去了联系。

终日生活在随时可能被逮捕的阴影里，萧红心里难免紧张，为此她不得不把家中与反对当局有关的文字资料都烧掉。到了晚上，躺在床上，也经常因为害怕而"连呼吸也不能呼吸"，在黑夜中睁大眼睛，对门外的响动格外注意，大门稍微响一声，她便会吓得颤抖不已。

这时候萧军就会像安慰刚被噩梦惊醒的孩子一样，按住萧红的胸口，用他特有的粗粝的语言宽慰道："不要怕，我们有什么呢？什么也没有。谣传不要太认真。他妈的，哪天捉去哪天算！睡吧，睡不足，明天要头疼的。"

因为这件事与"星星剧团"剧目被禁几乎同时发生，二萧的身份更加敏感，当时与他们共同排演的徐志被特务暗中逮捕，过了一个多星期大家才知道真相，听说徐志在监狱里被灌了凉水，还挨了鞭子。此后又隔三差五地听说与剧团有关的人被捕了，惶恐的氛围在人们中间传播开来，萧红心里的恐惧又多了几分。

某天，萧红与萧军走到街上，遇见一个她不认识的人与萧军打招呼，还一同走路，她心中紧张极了，结果却误把萧军的朋友当成了来抓他们的特务。

一天清早，一个学生样的人来拜访萧军，两人的谈话又令萧红紧张不已。那学生进屋后还没来得及坐下便说："风声很不好，关于你们，我的同学被弄去了一个。"

"什么时候？"

"昨天。学校已经放寒假了，他要回家还没有定。今天一早又来了日本宪兵把全宿舍检查一遍，每个床铺都翻过，翻出一本《战争与和平》来。"

"《战争与和平》又怎么样？"

"你要小心一点，听说有人要给你放黑箭。"

"我又不反满，不抗日，怕什么？"

"别说这一套话，无缘无故就要拿人。你看，把《战争与和平》那本书就带了去，说是调查。也不知道调查什么。"

送走了学生，二萧到公园散步，但萧红却在街上看到了一个不寻常的黑色人影，看着很像日本宪兵，但是她没敢将这件事告诉萧军，因为她不想把恐怖的气氛再增加一倍。

逃离的念头越发占据了上风。

回到家里做饭的时候，萧红看到墙角摆着的装得满满的米袋、面袋和木柈，这才意识到，原来不知不觉中，他们已经渐渐摆脱了从前那种忍饥挨饿的日子，生活刚刚有了一点走上正轨的迹象，却又要开始不确定的漂泊生活。

"流浪去吧，哈尔滨也并不是家，那么流浪去吧！"萧军缓缓地说道。

此刻萧红眼里已经充满了泪水。她对这个生活了两年的小家充满了眷恋，她曾在这里每日等着爱人归来，她曾在这里忍受饥寒的折磨，她曾在这里学会操持家务，她曾在这里创作出自己的第一篇小说……那些喜忧参半的日子一幕幕地涌入她的脑海，更加深了她对这里的不舍和留恋。

于是，像是知道了结果但还要挣扎一下的孩子一样，萧红问道："这些锅碗怎么办呢？"

萧军笑萧红幼稚，但还是安慰道："伤感什么，走去吧！有我在身边，走到哪里你也不要怕。"

当时，舒群已经先他们一步离开了哈尔滨，并在青岛找到了一户革命家庭落脚，不久后和这家的三女儿结婚，生活上也有了保障。舒群知道二萧当时处境艰难，便写信邀请他们到青岛去避难。就在他们已经做好了离开的决定，并且准备启程的时候，萧红却病了。

一天早上，萧红做着饭，叫萧军去提水，萧军脑子里想着文章的事，不肯去。萧红只好一个人跌跌撞撞把水提到灶台边上，边想着春天来了，要在临走前到江边游玩，却突然地肚子疼。萧红本已经习惯了这些生产带来的后遗症，但这次却有些不同寻常，肚子越来越痛。萧军这才开始重视起来，忙去找医生，结果却找来一个治喉咙病的医生，开了一针止痛药，毫无效果还白白花掉一角钱。

萧军为了让萧红安静养病,便把她送到了朋友家,自己回去奔忙搬家的事。没有萧军在身边,恐惧和病痛折磨着萧红,让她在病中也不得安寝。

> 当夜还不到九点钟我就睡了。原来没有睡,来到乡村,那一种落寞的心情浸透我。又是雨夜,窗子上疏沥的打着雨点。好像是做梦把我惊醒,全身沁着汗,这一刻又冷起来,从骨节发出一种冷的滋味,发着疟疾似的,一刻热了,又寒了!
> 要解体的样子,我哭出来吧!没有妈妈哭向谁去?
> 第二天夜又是这样过的,第三夜又是这样过的,没有哭,不能哭,和一个害着病的猫儿一般,自己的痛苦自己担当着吧!整整是一个星期都是用被子盖着坐在炕上,或是躺在炕上。
> 窗外的梨树开花了,看着树上白白的花儿。
> 到端阳节还有二十天,节前就要走的。

这样的日子过去了一个星期。第八天,萧军才终于来看望她,萧红像是一个受了委屈的孩子一样,内心是无限的苦楚和酸涩,见到萧军后唯一的想法就是跟他回家,然而萧军却并不理会萧红的感受,拒绝道:"你不能回家,回家你就要劳动,你的病非休息不可,还没有两个星期我们就得走。刚好起来再累病了,我可没有办法。"

就这样糊里糊涂地养了些日子,萧红的病几乎好了。接着就是忙着搬家的事宜，这是萧红最不愿面对的，可毕竟在生死攸关的时候，他们是真的无法在这片是非之地生活下去了。

接下来的日子便是整理行装和一次接着一次的告别，和人告别，和那些可爱的生活用品告别。

厨房里萧军从旧物市场买回的锅碗瓢盆又重新回到了旧物市场，教了两年的学生从他们越变越空的家中看出他们将要离开的意图，临走前萧军把自己的长剑送给了他。

最后一个星期，家中能做饭的家什都已经没了，二萧只好到各个朋友家吃饭，顺便告别。晚上睡觉便直接把行李拿出来铺到床上将就一宿。最后两天，两人从商市街搬到金剑啸的天马广告社。

临行前，萧军推开门说："走吧！"

那光景，仿佛像是回到了两年前二人来时，萧军推开门说："进去吧。"世事难料，萧红忍不住落泪。但她还是与萧军一同离开了，没有再回头看一眼那间盛满了悲欢苦乐的屋子。

一九三四年六月十一日晚，罗烽、白朗、金剑啸等人在天马广告社为二萧送行，他们于当晚乘火车离开了哈尔滨，次日抵达大连，为躲过日本特务的检查而在大连逗留两天，于六月十四日乘坐"大连号"轮船渡海前往青岛。

自此，萧红再也没有回到过东北，一如她离开商市街的时候，没有回头看过一次。

第九章

离别故土　踏上异乡

❋　❋　❋

走吧，
还是走。
若生了流水一般的命运，
为何又希求着安息！

——《沙粒（三六）》

❋　❋　❋

离开哈尔滨，踏上通往异乡的路，这对萧红来说已经不是陌生的事了。萧红漂流在海上，她似乎从脚下茫茫的大海中感觉到了自己的未来，像这海一样遥远而无际的未来，没有确定的依托，没有安稳的归宿，像一条没有风帆的小船，就在这迷雾中航行，仿佛非要到触礁的时候，方能止住漂泊的脚步。

一九三四年六月十五日，萧红与萧军抵达青岛，并在舒群夫妇的安排下暂时落脚。

他们到达青岛不久，东北就传来中共满洲省委遭到破坏和罗烽被捕的消息。远在青岛的朋友们痛心不已，却因为隔着千山万水帮不上忙而十分懊恼，但当时东北局势混乱，再度回去已经很不现实。

青岛的时局也并不稳定。七月，二萧与舒群去上海谋求发展，但刚到上海没几天，就花光了路费，又没有找到可以投靠的人，最终无功而返。

二萧只好回到青岛就此安顿下来。为了居住方便，舒群特地在青岛市南区观象台租了一座二层小楼，萧军与萧红住在楼上，舒群夫妇住在楼下。这座小楼位于观象山北脚下一带突起的山梁上，左右两面都可以看到海，房子窗明几净，且周围环境清幽，既适合生活居住，又适合创作。

二萧和舒群夫妇的相处也非常愉快，四个人经常聚在一起吃饭、谈天，创作之余，还会到附近的海边、公园散步游玩。萧红与舒群的妻子很合得来，一起做饭做家务，悠闲自在。

这种安闲舒适的生活环境给二萧带来了短暂的宁静，也使得他们终于可以安心创作。当时萧红想写一部长篇小说，萧军便鼓励她把之前写过的《麦场》继续写下去，而他则会在萧红创作过程中提些意见，帮助她创作和修改。

与此同时，萧军也正在创作自己的抗日救亡小说《八月的乡村》，这篇小说在哈尔滨时便已经创作了一部分，因为内容敏感，在他们逃往青岛的过程中还差一点被日本特务发现。

好在，一切都是有惊无险。经过这一路惊心动魄的漂流与奔波，他们终于有了一点喘息的机会。

生活安顿下来了，但总还要工作维持生计。舒群便介绍二萧到《青岛晨报》副刊做编辑。当时在报社工作的张梅林与舒群相熟，且老早就读过二萧的作品，对他们两人非常欣赏，便欣然与他们见面。

回想起与二萧的第一次见面，张梅林对这两位特立独行的年轻人仍然记忆犹新。

> 三郎戴了一顶边沿很窄的毡帽，前边下垂，后边翘起，短裤、草鞋、一件淡黄色的俄式衬衫，加束了一条皮腰带，样子颇像洋车夫。而悄吟用一块天蓝色的绸子撕下粗糙的带子束在头发上，布旗袍，西式裤子，后跟磨去一半的破皮鞋，粗野得可以。

第九章 ※ 离别故土 踏上异乡

就这样，二萧与张梅林成了非常投缘的朋友，他们称梅林为"阿张"，日常会一起去市场买菜，萧红会给他们做俄式菜汤，烙油饼。一旦有难得的相聚时光，梅林便会带着二萧在青岛各处逛逛，大学山、栈桥、海滨公园、中山公园、水族馆，逛完景点，又去海水浴场游泳。

初到青岛时的哀伤与疲倦渐渐褪去，《生死场》也创作得很顺利。在这碧海蓝天之间，萧红感受到难得的轻松惬意，游玩时她将自己整个身心都交付到海水中，享受这得来不易的休闲时光。

有一次，听到梅林谈及自己的作品，萧红便来了兴趣，于是问道："是不是女性气味很浓？"

梅林回答道："相当浓，但这有什么要紧？女性有她独特的视觉与感觉，除开思想而外，应该和男性不同的，并且应该尽可能把女性的特点在她的作品里展现。"

梅林的说法不无道理，这份让萧红极其在意的"女性的气味"其实正是她得天独厚的过人之处。正是因为这独特的女性视角，她才能用最细腻的笔触描绘最残酷的人间，用最清丽的句子传递最深切的感知。

受到极大鼓舞的萧红继而专心投身于《生死场》的创作中去。

九月，萧红与萧军几乎同时完成了自己手上的作品，但这时候他们却迎来了新的问题。两人刚刚步入文坛，写作经验尚浅，他们也无法给自己的作品以确切的定义，十分需要一个文坛前辈来为自己指点迷津；另外，由于在青岛熟人不多，且两人的作品题材都比较敏感，他们很难找到可以出版的渠道。

有一次，萧军与在"荒岛书店"结识的书店负责人孙乐文闲谈提到作品的事，孙乐文告诉萧军，自己曾在上海的"内山书店"见过鲁迅先生，或许可以试试找鲁迅先生帮忙。当时鲁迅可以说是不折不扣的文坛巨星，是上海革命文学运动的领袖，更是每个文学青年心中的精神领袖。如果能得到鲁迅的指点，对他们来说无疑会是巨大的收获。

于是萧军萌生出了给鲁迅写信的想法。其实，不论是鲁迅还是萧军本人，都是身份敏感的人物，为免通信被当局拦截，萧军第一次用了"萧军"这个笔名，用极为崇敬而诚挚的心情写了一封请求指导的信件发往内山书店。

求助信发出后，二萧心中忐忑，他们对鲁迅能否回信这件事并没有抱太大的希望，毕竟政局动荡，鲁迅也处在被严密监视的境况下，且全中国的文艺青年数不胜数，每天给鲁迅写信的人也必定不在少数，他的信说不定早就已经淹没在垃圾桶里了。

然而令萧军和萧红万万没想到的是，鲁迅很快写了回信。当他们看到鲁迅在回复中提到的"即复"二字，心中激动不已。

鲁迅在信中回复道："不必问现在要什么，只要问自己能做什么。现在需要的是斗争的文学，如果作者是一个斗争者，那么，无论他写什么，写出来的东西一定是斗争的。就是写咖啡馆、跳舞场罢，少爷们和革命者的作品，也绝不会一样的。"并在信中表示，可以为他们看稿子，但不一定会有详细的修改和批注，还在信后留下了详细的通讯地址。

第九章 ※ 离别故土　踏上异乡

多年之后，萧军再度回忆起鲁迅先生这封充满了善意和鼓励的回信时，仍然不能平静，那封回信于他们而言——

　　就如久久生活于凄风苦雨、阴云漠漠的季节中，忽然从腾腾滚滚的阴云缝隙中间，闪射出一缕金色的阳光，这是希望，这是生命的源泉！又如航行在茫茫无际夜海上的一叶孤舟，既看不到正确的航向，也没有可以安全停泊的地方……鲁迅先生这封信犹如从什么远远方向照射过来的一线灯塔上的灯光，它使我们辨清了应该前进的航向，也增添了我们继续奋勇向前划行的新的力量。

　　萧军读着鲁迅的回信，激动得几乎要哭出来，他把这封信给朋友们读了又读，和萧红一起读了又读，自己一个人的时候，也会时常拿出来读。他把它当作"护身符"一样时刻带在身边，仿佛每读一遍，都会看出新的内容，每读一个字，都会生出新的见解。

　　得到了鲁迅的鼓励，他们立刻先把萧红已经完成的《生死场》和两人合著的《跋涉》寄给鲁迅。为了让鲁迅对他们的印象更深刻、真切一些，他们还特地把来青岛之前照的合照夹在书稿中一并寄了过去。

　　十月份，萧红又将自己的《生死场》拿给张梅林看，梅林读着她清丽纤细而又大胆有如牧歌一般的文字，非常欣赏，但也给出了十分中肯的意见。

　　"怎么样，阿张？"萧红急切地问着他的看法。

"感想还好，只是全部结构缺少有机的联系。"

"我也这样感觉的。但现在为止，想不出其他的方法了，就让它这样吧。"

这时候萧军便拿出他的《八月的乡村》，翻动着稿纸，像个孩子似的傲然地问："哼！瞧我呢？"

"那么，拿来读它呀。"

"但是不忙，还没誊清呢。"

然而，自此之后，梅林却再也没机会读到这份原稿了。

十月下旬，中秋节当天，舒群夫妇在与家人聚会时被捕。当时二萧因为有事缺席才幸免于难。自此，青岛也成了不能继续逗留的是非之地。不久孙乐文通知他们，《青岛晨报》不能继续办下去了，但出于对文学的热爱，他们还是将报纸维持到了月底。

为了躲避追捕，萧红与萧军不得不做出离开青岛的决定。临走前，萧红和梅林把不用的桌椅板凳用独轮车拉到集市上卖，获得了点微薄的路费。

一九三四年十一月一日，萧红、萧军同张梅林一起乘坐日本货船"共同号"，在一间装满了粉条和咸鱼的船舱中，离开了青岛，奔向了人生的另一个目的地：上海。

第九章 ※ 离别故土 踏上异乡

第十章

上海滩头　携手前行

❋　❋　❋

从异乡又奔向异乡，
这愿望多么渺茫，
而祝送着我的是海上的波浪，
迎接着我的是异乡的风霜。

——《沙粒（三一）》

❋ ❋ ❋

二萧与梅林于十一月二日到达上海。三人先住进七月份到上海时住过的位于蒲柏路的客栈，然后便分头去找房子。

上海这座城市，用梅林的话说，是人间的天堂同时又是人间的炼狱。

这次的冒险与往常不同，因为这里对萧军与萧红而言是完完全全陌生的，他们没有朋友接应，也没有同志支援，全然是出于能够与鲁迅先生见上一面的幻想，才决然地来到这里。

次日，梅林到位于法租界环龙路花园别墅的同学家住了一晚，第二天回到旅馆寻找二萧时，发现他们已经离开，并且在桌子上留了字条。

那是萧军留下的一张钢笔画的地图。萧军在讲武堂学习过，地图画得非常准确且详细，把方向、地标、弄堂等都画得清清楚楚。正是有了这张地图，梅林才不至于与二萧失去联络。

二萧租住的房子位于法租界拉都路北侧，在一家名为"永生泰"的小杂货铺的楼上，是个窄小的亭子间。这里位于上海西侧的城郊，房屋和人都很稀少，周围甚至还有荒地、菜园和坟冢。他们所住的房间南面没有窗户，但有专门的出入口，房租不含电费和燃料费每月九元钱。以他们的经济条件，也只能租住在这样的房子里。

二萧身上所剩的钱本就不多，交了房租后只剩下不到十元钱。他们用仅剩的钱买了简单的生活用品和食物，再一次从头开始过日子。

由于梅林在上海也没有什么亲朋，他也就成了二萧家里的常客。三个人像在青岛时那样，一起游玩、写作、逛菜场，吃萧红烙的油饼，努力把艰难的日子过得充满生气些。

然而他们刚在上海落脚，很快便入不敷出。由于没钱买油，他们就用白水煮面片吃，没油炒菜就把水煮的菠菜拌到面片里。实在支撑不下去，只好写信给哈尔滨"牵牛房"的朋友黄田求助，希望他能给一些经济上的援助，但是毕竟远水解不了近渴，两人便想到向鲁迅求助。

事实上，在二萧到上海的第二天，他们就迫不及待地给鲁迅去了信，希望能够见见他，但鲁迅婉拒了，他在回信中写道："见面的事，我以为可以从缓，因为布置约会的种种事，颇为麻烦。待到有必要时再说吧。"鲁迅拒绝见面也是情理之中的事，一是觉得他们刚到上海，一切尚不稳定，现在见面实在仓促；更重要的是，鲁迅先生作为左翼文化界的精神领袖，早已成了政府严密监视的对象，所以对尚不熟识的二萧，他也实在无法不加防备。

二萧没能见到鲁迅先生，心中颇为气馁，但毕竟已经身在上海，且一时之间无处可去，他们便只好安心地等待着能与鲁迅见面的机会。萧军开始修改和誊写刚刚完成的《八月的乡村》，由于当时对这部作品一直很不满意，且又没能如愿见到鲁迅，他心中非常懊恼，甚至一度想把稿子付之一炬，然后拿着身上仅有的十几块钱去参军。

萧红一直在身边鼓励着他，在十一月没有炉火也没有阳光的亭子间里,忍着严寒帮他誊稿子。就这样,萧红每天"披着大衣,流着清鼻涕,时时搓着冷僵的手指"将《八月的乡村》一笔一笔地誊写完了。

当时,誊写稿子的复写纸必须要用日本美浓纸,这种纸在他们家附近买不到,萧军只能徒步往返十五公里到位于北四川路的内山杂志公司买。这种纸的售价不低,萧军只好把萧红的一件毛衣当掉,才换来七角钱,而当他买了复写纸,走路回到家的时候,才发现穿在脚上的那双旧鞋早已磨穿了鞋底,脚后跟都已经磨出了血。

此后萧军与萧红又给鲁迅去了信,说明了他们在经济上面临的困难。鲁迅先生收到信时正发着低烧,但依然给他们写了回信。鲁迅先生在信中邀请他们于十一月三十日在北四川路内山书店后的俄国咖啡馆见面。

二萧收到回信后,喜出望外,心脏"破轨地跳着",萧红拍着因为连日抄写而异常枯瘦的手,竟然流出了眼泪来。他们像收到第一封回信一样读了一遍又一遍,萧军在回忆起与鲁迅先生的通信时仍然感慨万千。

一直生活在北方——特别是东北——的人,一旦到了上海,就犹如到了"异国"。一切都是生疏,一切都是不习惯,言语不通,风俗两异,无亲无朋……犹如孤悬在茫茫的夜海上,心情是沉重而寂寞!因此,当我们接到先生每一封来信时,除开在家中一次一次地诵读而外,出去散步时也必定珍重地藏在衣袋中,而且要时时用手摸抚着,似乎谨防它的失落或被掠夺……

此后的十几天，萧红与萧军每天都是在等待和盼望中度过的，他们太希望见到鲁迅了，希望时间能过得快点，再快点，他们每天如同小孩子盼望新年一样，数着日子终于等待着约会的时间。

在这十几天里，两人依然没有停止给鲁迅写信。他们把对文学甚至对人生的困惑毫不保留地向鲁迅倾诉出来，而鲁迅也几乎是每封信都给了极为用心的回复。

萧红发现鲁迅每次回信中对她的称呼不是"太太"就是"夫人"，她希望自己可以和萧军一样被同等看待，而不是作为谁的夫人、太太出现，于是便给鲁迅写信说："为什么不能也叫我作先生呢？"

对萧红的抗议，鲁迅在以"刘、悄二位先生"开头的回信中半开玩笑地说：

> 中国的许多话，要推敲起来，不能用的多得很，不过因为用滥了，意义变成含糊，所以也就这么敷衍过去。不错，先生二字，照字面讲，是生在较先的人，但如这么认真，则即使同年的人，叫起来也得先问生日，非常不便了。对于女性的称呼更没有适当的，悄女士在提出抗议，但叫我怎么写呢？悄婶子，悄姊姊，悄妹妹，悄侄女……都并不好，所以我想，还是夫人太太，或女士先生罢。现在也有不用称呼的，因为这是无政府主义者式，所以我不用。

在信的末尾，鲁迅先生仍然用了"俪安"二字，还特意画了箭头，附加了一句："这两个字抗议不抗议？"

在举目无亲的上海，在这间小小的连光线都难以透进的亭子间里，两个青年人读着一封封来自和蔼长者的来信，这一句句亲切幽默的话语，对两个漂泊的灵魂来说，是莫大的安慰了。

见面前三天，鲁迅担心他们找不到内山书店的具体位置，还专程写信给他们详细说明了书店的路线："坐第一路电车可到，就是坐到终点（靶子场）下车，往回走，三四十步就到了。"

萧军和萧红带着激动而忐忑的心情赶到内山书店时，鲁迅已经在书店等待了。因为已经见过两人的照片，且两人因为贫困而毫无知识分子特征的外貌，鲁迅很容易就认出了他们，此刻二人已然激动得说不出话，鲁迅便先开口问道："您是刘先生吗？"

"是。"萧军点点头，低声地回答。

"我们就走吧。"鲁迅说了一声，又走进内室去，把桌子上的书和信件包在一件日式包袱皮里，夹在腋下，同二萧一起走出书店。

鲁迅穿着一件黑色的短式长袍，一条窄裤管的藏青色西服裤子，脚上是一双黑色胶底鞋，他走路很快，一路上也并不多说什么。萧红和萧军只好保持着距离默默地跟在身后。

两人跟着鲁迅来到咖啡馆。因为会面的时间在下午两点多，所以咖啡馆的人很少，这里的气氛便显得安静昏暗，甚至有些萧条，鲁迅选了一个在门附近并不显眼的位置坐了下来，二萧便跟着坐了下来。及至有机会正面地与先生交谈，两人这才发现鲁迅面色憔悴，格外瘦削，看起来甚至像一个"落拓的吸鸦片的人"。

想到此前,先生也曾在信中提及到自己的病,但他们没有想到竟然会这么严重。萧红心中无比的愧疚,开始为自己原稿上的字太小而自责,萧军也觉得自己仿佛正在吸食与疾病斗争的先生的血一样。

他们没有把心中的懊悔表达出来,鲁迅也没有开口说话。为了缓和这有些尴尬的气氛,萧红首先开口问道:"许先生没来吗?"

"他们就来的。"鲁迅用带着浙江口音的普通话回答道。

二萧听得似懂非懂,便只好无声地等待着。不一会儿,许广平带着周海婴来了,鲁迅简单地向双方介绍道:"这是刘先生、张先生,这是 Mrs 许。"

许广平第一次见到萧红,觉得萧红"中等的身材,白皙,相当健康的体格具有满洲姑娘特殊的稍稍扁平的后脑,爱笑,天真无邪,不相称的白发",这些可爱但又不同寻常的特色给许广平留下了很深的印象。许广平亲切地和二萧握手,他们便也不那么拘谨了,萧军先谈了谈他们在哈尔滨的故事,又讲了讲当时出走的情形,以及从青岛到上海后的境况。在这个举目无亲的大都市里,鲁迅是一个和善的倾听者,更是一个慈蔼的长辈,他们太需要倾诉了,漂泊无依的哀伤,贫困落魄的愁苦,对国家的担忧,对创作的困惑,他们简直不吐不快。

作为从"五四运动"一直走过来的文化旗手,青年人所面对的艰难、困惑对于鲁迅来说都是在过去的人生里见识过,也经历过的,面对两人的倾诉,他宽慰道:"你们目下不能工作,就是静不下。一个人离开故土,到一处生地方,还不发生关系,是还没有在这土里扎下根,很容易有这一种情境,一个作者,离开本国后，即永不会写文章了，是常有的事。我到上海后，即做不出小说来，而上海这地方，真也不能叫人和他亲热。我看你们现在的这种焦躁的心情，不可使它发展起来，最好是常到外面去走走，看看社会上的情形，以及各种人们的脸。"

除了对他们初来乍到的关心和安慰，鲁迅还向他们介绍了上海当局对左翼团体和作家的镇压，以及左翼势力内部的矛盾、分裂等现状。

二萧与鲁迅先生畅谈了一个下午，他们爽朗的说话声回荡在这间小小的咖啡馆里，他们对于生命和对于国家的热望仿佛穿过咖啡馆，将天空中的阴霾也吹散了。

时间在几人的谈话中悄无声息地过去了。到了临别的时候，二萧虽然意犹未尽，但毕竟先生大病初愈，实在不敢多加打扰，只好告辞。临别前，鲁迅将一个装着二十元钱的信封放在桌子上，对他们说："这是你们需要的。"此前，他们在给鲁迅的信中曾说过经济上的窘困，没想到鲁迅真的放在心上，并且十分小心地斟酌着词句，唯恐伤害他们的自尊心。

萧军与萧红既感动又愧疚，对着信封迟迟不能说出话来，这时鲁迅告诉他们，自己尚能挣上一些稿费，生活上也比他们宽裕多了，来他这里借钱的又不止他们二人，希望他们不要过于介怀。两人放宽了心，也接受了先生的帮助，萧军又想起来自己身上一个铜板都没有，回去没有办法坐车，鲁迅便又拿出一摞铜板交给他们，用作车钱。

与鲁迅分别后，二萧仍然与他保持着通信。在信中，他们才得以开口向先生表达既感激又歉疚的复杂心情。鲁迅的开导和鼓励给了他们在这座城市里努力生活下去的力量。

十二月中旬,二萧像往常一样,拆开鲁迅先生的来信,然而这次的内容却与以往有些不同,这是一封邀请函:

刘吟先生:

  本月十九日(星期三)下午六时,我们请你们俩到梁园豫菜馆吃饭,另外还有几个朋友,都可以随便谈天的。梁园地址,是广西路三三二号。广西路是二马路与三马路之间的一条横街,若从二马路弯进去,比较的近。

  专此布达,并请

  俪安

豫广 同具
十二月十七日

他们一字一字地读完这封简短的来信,又开始一遍一遍地确认这是不是在做梦。萧军看过后将信纸传递到萧红手里,萧红看过又传递到萧军手里,他们握着信的双手都是颤抖的,两人甚至激动得忍不住落泪——他们接到了鲁迅先生的宴会邀请。

这邀请对他们来说意义太过重大,这两个在漂泊中近于僵硬的灵魂,被这意外而来的的温情浸润得难以自制地柔软下来,如同婴儿一般。当他们从幸福的迷梦中清醒过来时,才意识到要为这个意义非凡的宴会做些准备。

第十章 ※ 上海滩头 携手前行

萧军飞快地找到一张上海地图,从索引上找到"二马路""三马路"的大体方向和位置,然后再找"广西路"。确定了梁园的大体位置后,又开始规划路线,查看搭乘哪路电车才能顺利到达。看着萧军这副严肃得如同军人在指挥作战的样子,萧红眨着刚刚还流过眼泪的眼睛笑问:"你要出兵打仗吗?"

"你这话是什么意思?"

"我和你说话,你竟装作没听见的样子,一个劲儿地在那张破地图上看来看去,又用手指量来量去!简直像个要出兵打仗的将军了!"

"我总得把方向、地点……确定下来呀!心里得有个谱,怎么能够临时瞎摸乱闯呢?你要和我说什么呀?"

"我要和你说呀……"萧红伸过一只手扯着萧军身上那件灰不灰蓝不蓝的破罩衫的袖子,说道,"难道就穿这么破的衣服去赴鲁迅先生的宴会吗?"

"那穿什么呀?我没有第二件。"萧军看了看自己身上的衣服,也很无奈。

"要新做一件!"

萧军听后摇摇头说:"没必要,上次会见鲁迅先生时,不也就是穿的这件罩衫吗?"

"这一回,有客人!"萧红坚持道。

"鲁迅先生信上不是说,只有几个朋友,而且都是可以随便谈天的吗?鲁迅先生认为可以随便谈天的人,我想总不会有什么'高人贵客'吧?顶多不过是一些左翼作家们,我以为他们不会笑话我的罩衫吧？"

"你这个人！真没办法！"

萧红对萧军的坚持有些气恼，抓过床上的大衣便冲出门去。萧军对萧红过于激动的反应有点摸不着头脑，但他并没有追出去为自己辩解，或者表示妥协。长久的相处让他对萧红的脾气了如指掌，他知道这个时候说什么她都听不进去，便只好"随她去了"。

大约过了两个小时，萧军正坐在桌前读书，他听到萧红上楼的脚步声，却假装没听见。这时萧红走近了，把一卷软绵绵的布料砸在萧军头上。

"你没听到我回来了吗？"萧红问道。

"没听到，"萧军仍然假装着说，"我什么也没听见！"

"坏东西！看，我给你买了衣料。"

萧红把一块黑白格子的绒布料展开给萧军看，然而萧军却心头一紧，他有点担心萧红是不是为了买布料把身上仅有的几块钱都花光了，毕竟这是他们接下来几天的生活费和车钱。

"买它干什么？"萧军心情沉重地责问道。

"我一定要给你做一件'礼服'，好去赴鲁迅先生的宴会呀！"

萧红似乎看出了萧军的心思，问道："你猜猜，得多少钱？"

"猜不着……"

"七角五分钱，我是从一家'大拍卖'的铺子里买到这块绒布头的。起来，让我比量比量，看够不够……"

萧军这才放下心来，配合着萧红在他身前、身后量来量去。萧红让萧军把身上的罩衫脱下来，又从箱子里找出他夏天穿的一件俄国"高加索"式立领绣花的大衬衣来,铺在床上,照这样子比量了半天,嘴里还高兴地喊着:"足够啦!足够啦!"

然而,宴会的日期就在次日,萧军觉得萧红做礼服的想法过于异想天开。他说道:"你知道,明天下午六点钟以前,我们必须到达那家豫菜馆!你让我像一个印度人那样似的披着这块布头去当'礼服'穿吗?"

"傻家伙!我怎么能够让你当'印度人'哪!你等着瞧吧,在明天下午五点钟以前,我必定让你穿上一件新'礼服'去赴鲁迅先生的宴会!要显显我的'神针'手艺!"

于是萧红开始迅速地穿针引线,缝制衣服,从当天晚上到第二天,她几乎是不吃、不喝、不停、不休,甚至不说话地缝制着。果然,第二天下午不到五点钟,一件仿制"高加索"式的立领、套头、掩襟的衬衣就做成了,唯一的缺陷就是没来得及绣花。

萧军穿上新制的衣服,心里不但佩服萧红有如神助一般的速度,更惊讶于这衣服的合身和舒适。

"这小皮带扎起来,再围上这块绸围巾。"

萧军走到屋角,萧红远远地看着,她从正面、侧面、后面把萧军仔细地观摩了一遍,最后满意地和他拥抱在一起。

十二月十九日下午,赴宴的时刻终于到了。萧红和萧军紧张地赶到豫菜馆时,看到许广平正在楼梯上张望,似乎在等着他们的到来,由于他们没有手表,到底还是成了最后到达的客人。

许广平见到萧红,很亲切地抱了抱她,并将两人引上楼。

上楼后,由鲁迅先生指定了座位,沿着一张特大的圆桌面,鲁迅先生和许广平先生并排坐在临门的座位上。鲁迅先生在左面，许广平先生在右面，她下首是海婴，其次是萧红和萧军。在萧军的下首两个座位被空留着。其余的几个人，二萧并不认识。

这场宴会名义上本是为胡风、梅志夫妇的儿子准备的满月酒，但是众人等到了七点多钟，也没有等来他们。后来梅志在回忆萧红的文章中提到，是因为她妹妹没能及时转交请柬，才导致他们没赶上宴会。

许广平到外面查看一圈，确认没有特务盯梢后，回来在鲁迅耳边轻声说了个"没"字，鲁迅先生便对服务员说："给我们'开'吧。"服务员愉快地去准备酒菜时，许广平向二萧解释着说："他们这里的生意好，是希望饭客们快吃、快走的，好腾空房间。"

在场一共九个人，除去鲁迅一家三口和二萧两人，余下的是茅盾、叶紫和聂绀弩夫妇。大家喝过几杯葡萄汁后，鲁迅起身为大家做介绍："这两位是刘先生、张女士，他们是新从东北来的。"

简单地打过招呼，大家似乎也并没有因此而迅速熟络起来，萧红与萧军作为初来乍到的"闯入者"，多少都有些难以融入，便只好埋头品尝美食。除了二萧，其他的人互相都是熟悉的，席间总是说一些二萧听不懂的暗语，这让他们对这些新朋友更是捉摸不透。

萧军看到聂绀弩一直殷勤地为夫人夹菜，心里很震惊，这是他从前没见过的，便以为这是他们特有的餐桌礼仪，于是也学着样子给萧红夹菜，萧红看了非常难为情，暗中制止着萧军。

就在萧军埋头吃饭的空儿，萧红已经和许广平母子非常亲近了。宴会大概到了九点钟便结束了，临行前，萧红拿出两只核桃和一对小棒槌送给周海婴："这是我祖父留传下来的。"萧红指着那对酒红色、光滑滑的核桃说着，"还有一对小棒槌，也是我带在身边的玩意儿，这是捣衣用的小模型，统统送给你。"萧红把这几件对自己来说十分珍贵的礼物送给周海婴，然而在她心里，这小小的礼物又怎能抵过鲁迅先生对自己恩情的万分之一呢。

一行人分别之后，萧红挽着萧军走在回家的路上，萧军却还沉浸在疑惑里，因为他到底还是连那几位新朋友的名字都没有记清楚。

萧红在宴会前后早已经向许广平打听清楚，她向萧军解释道："那位'老板'就是茅盾先生；驼背高个子的是聂绀弩，女士是他妻子周颖；穿西装的年轻人是左翼作家叶紫；空位子是为胡风和他的妻子梅志女士留的，这天也确是他们第一个男孩子满月的日子。"

萧军这才恍然大悟，而此后他们也才理解了鲁迅的用意，这场名为满月酒的宴会，实则是专门为这两个流落异乡的青年人准备的。鲁迅先生贴心地考虑到他们从遥远的东北来到上海，人生地不熟，难免会有孤独落寞，给他们介绍一些上海的朋友，对他们来说，以后既在文学创作上有了相互支持的伙伴，又在日常生活里有了互相照拂的朋友，也能让他们更快地了解上海的政治环境和社会样貌。

这份难能可贵的关怀对二萧来说，是值得一生珍惜的财富。

第十一章

文坛新星　声名鹊起

在乡村,人和动物一起忙着生,忙着死……

——《生死场》

❊ ❊ ❊

一九三四年十二月底,二萧将居所搬到了拉都路福显坊二十二号二楼的一间房子里。他们对新居的环境还算满意,由于拉都路的地理位置比较偏僻,街上少见行人,新居也终于有了窗子,窗外就是郁郁葱葱的自然风光,两人觉得这里环境清幽安静,很适合写作。在新房子里过了新年,二萧就马上给鲁迅去了信,告诉他新居的地址。鲁迅在回信中说道:

> 知道已经搬了新房子,好极好极,但搬来搬去不出拉都路,正如我总在北四川路兜圈子一样。有大草地可看,在上海要算新年幸福,我生在乡下,住了北京,享惯了广大的土地了,初到上海,真如被禁进鸽子笼一样,两三年才习惯。

鲁迅听说他们的新家没有现成的床,就介绍二人到住在吕班路负责给萧军、叶紫等人的书籍做插图的木刻家黄新波那里去借床。黄新波本来与一群年轻人租住在一起,由于当时形势紧张,很多人都搬走了,房子里留下不少闲置的家具,黄新波作为最晚搬走的留守者,自然也就负责起保管家具的工作。听说二萧是鲁迅先生介绍来的,他二话不说便同意了两人的请求,腾出两张单人铁床,还叫了两辆黄包车送他们回去。

除了帮他们借床,鲁迅在信中得知同一幢房子里还住着许多白俄的人后，便立刻告诫他们："万不可和他们说俄国话，否则怕他们会怀疑你是留学生，招出麻烦来。他们之中，以告密为生的人很不少。"

当然，这并不是鲁迅神经过敏，上海复杂混乱的局势并不是三言两语就能说清的，大街上随便一个不显眼的路人可能就是特务，而依靠"包打听"而生的告密者更是如同这座城市的寄生虫一样，恐怖而密集。

住进新居，两人心情也好了不少，除了日常与鲁迅的书信交流，他们也开始重新投入到创作中去。萧红先后创作了《小六》和《过夜》两篇小说，在鲁迅的推荐下，《小六》发表于《太白》第一卷第十二期。萧军也创作了《樱花》《初秋的风》等作品，均由鲁迅帮忙推荐发表。

然而萧军对萧红两三个月的时间只创作出两篇文章的效率颇为担心。在写给鲁迅的信中谈到萧红的创作状态，不免流露出焦虑来，说萧红现在胖得"像蝈蝈"一样了，希望鲁迅能在精神上鞭策她，让她不要在创作上有所懈怠。

鲁迅倒是并不担心，他在回信中表达出很是顺其自然的态度。

> 我不想用鞭子去打吟太太，文章是打不出来的，从前的塾师，学生背不出书就打手心，但愈打愈背不出，我以为还是不要催促好。如果胖得像蝈蝈了，那就会有蝈蝈样的文章。

就像鲁迅说的那样，越是刻意地想要创作，就越没有灵感，于是萧红开始试着顺其自然。转眼抵达上海已经数月，在鲁迅的帮扶下，他们在拉都路的生活有了起色，饥寒的威胁渐渐没有了，萧红却又落到人生的另一种惆怅中去。

那就是她觉得自己和萧军之间的关系似乎疏远了。

搬到新居后，两人从黄新波那里借来了两张铁床，习惯了和萧军挤在一张床上的萧红，太久没有体验过一个人的独立空间了，于是她提出和萧军分床而睡，两张本该合并在一起的铁床就这样被分放在房子的两端。然而睡到半夜，萧军却听到萧红一个人在低声抽泣，他打开灯上前询问，萧红抹着眼泪说："电灯一闭，我觉得我们太遥远了。"

这种疏远的感觉使她不可避免地沉浸到回忆中去。每当提起笔，她与萧军在哈尔滨的点滴便时时涌上心头，那应该算是她一生中最艰难却也是最充实的日子吧。那时候钱包总是瘪的，肚子总是饿的，床板总是冰凉的，但他们并没有因为饥寒而离心，反而互相依偎着取暖，携手走了过来。

当那些具体可感的饥寒升级为抽象的矛盾与隔膜，这就再不是两人同心可以解决的了。现实的哀愁难免沿着手中的笔转移到文字中去，以至于那段日子她创作的一系列文章中，都带着淡淡的愁绪，文章中无数次出现的"朗华"也不再是完美的爱人，而仅仅成了一个独守空房时所描绘和盼望的背影。

那些或艰辛或甜蜜的过往仿佛自己生了双脚一样不可抑制地从萧红的笔下跳跃到纸上，让她在这寂寥的现实里找到了一丝的慰藉。

从一九三五年三月中旬起，萧红根据在哈尔滨商市街的生活陆续创作了《欧罗巴旅馆》《雪天》《家庭教师》《广告员的梦想》《同命运的小鱼》等四十余篇散文作品，这些散文最终收录成散文集，命名为《商市街》，并于一九三六年八月作为巴金主编的《文学丛刊》第二集第十二册，由上海文化生活出版社首次出版。

自从上次的梁园聚会之后，鲁迅出于对二萧的担心，还安排青年作家叶紫做两人在上海的"向导"和监护人，经常性地向他们告知上海的人情风貌和复杂险恶的政治环境。

有一次，萧军和叶紫因为新书封面的问题找到黄新波，当时黄新波家里有一群朋友在，在会面中萧军热情地邀请大家到自己家里玩，还爽快地说了自己的家庭住址。这让叶紫震惊不已，并且立即阻止了他，因为在上海，像他们这种左翼人士是绝对不能轻易透露住址的，哪怕是和认识的人，也要观察一段时间，最好还是不要说。

慢慢地，随着来往渐渐频繁，三人自然成了很要好的朋友，当时叶紫也正好创作了反映当时中国被压迫的黑暗现状的长篇小说《丰收》，三人便在鲁迅的"批准"下成立了仅有他们三个成员的文学社团"奴隶社"，而他们三人所创作的《丰收》《八月的乡村》和《生死场》则作为"奴隶丛书"出版，均由鲁迅先生为他们作序，寓意为"奴隶总比奴才强"。

由于二萧之前对多人透露过自己的住址，他们在福显坊仅仅三个月的安稳生活眼看着又要起波澜，搬家又成了他们日程表上的计划。这时恰逢青岛的几个朋友来上海，几位朋友看到二萧在福显坊的生活并不如他们想象的那样气派，就建议由朋友们出钱，给他们租个大房子住。二萧不太愿意，但朋友们表示他们在上海就只有二萧这两个熟人，帮他们租房子也是为了二萧能在文学上对他们有所帮助，这样他们才算是同意了这个提议。

新居是位于拉都路三百五十一号的一座洋楼，虽然宽敞气派，但租金昂贵，而与这些朋友住在一起也很打击创作热情，萧红和萧军对新居的生活很不满意。

此外，由于当时的审查制度严格，很多时候投稿的文章不修改根本不能发表，很多作家都不愿意自己辛苦创作的成果成为当局的赞美诗。但是作品想要发表，即便是有熟人帮忙介绍，也要大费周章，介绍者不但要保证被介绍者的政治立场，有时候甚至要"陪"上一篇自己的稿子。二萧一直觉得鲁迅先生对他们的帮助已经是仁至义尽，也不想再给他增添更多的负担，所以没有将这些朋友介绍给鲁迅。

五月二日，鲁迅应二萧的邀请，携妻儿来访，在他们的房间休息谈天之后，邀请两人到西餐厅吃饭。因为了解上海的复杂局势和鲁迅当时的处境，两人就没有把鲁迅来访的事情告知朋友们，因而引发了朋友们的不满。

就这样，他们与朋友共同居住的生活也就难以为继。六月，二萧再次搬家，这次他们终于离开拉都路，搬到了法租界萨坡塞路的"唐豪律师事务所"，事务所的主人唐豪是他们关系不错的朋友，他们就住在他家二楼的后楼。

七月，二萧在哈尔滨的朋友罗烽、白朗夫妇在被监禁十个月出狱后辗转来到上海。他们来上海时的境况比二萧还差,到这里后也只能投奔二萧,与他们共同挤在一间房子里。

在这期间,二萧终于找到机会与胡风、梅志夫妇见面。"满月酒"失之交臂后,双方一直都想找机会见面,但出于各种原因没能实现。二萧搬到唐豪家后生活稍微稳定了些,又正好有罗烽夫妇这对朋友在,他们便向胡风、梅志发出邀请,请他们到家里吃饺子。

胡风夫妇与二萧一见如故,非常投缘,尤其是萧红身上洒脱真挚且特别富有亲和力的气质,令他们非常欣赏。此后,他们的来往也非常频繁,萧红拿了自己的《生死场》给胡风看,胡风看了直接给出"这是有着天才闪光的作品"这样的高度评价。当时这部小说名字尚未取好,还是胡风给确定了《生死场》这个名字。

后来因为生活在一起有诸多不便,罗烽夫妇搬进了华美里亭子间,和舒群同住。

十一月,鲁迅邀请二萧到家中参加家宴,这是两人第一次到鲁迅家,心中激动无比。因为他们知道像鲁迅这样身份的人,是绝不会轻易公开住址的,鲁迅邀请他们来家里,说明是对他们极为信任和偏爱了。

萧红在《回忆鲁迅先生》中描写了第一次去鲁迅先生家的场景。

鲁迅先生的客厅里摆着长桌,长桌是黑色的,油漆不十分新鲜,但也并不破旧,桌上没有铺什么桌布,只在长桌的当心摆着一个绿豆青色的花瓶,花瓶里长着几株大叶子的万年青。围着长桌有七八张木椅子。尤其是在夜里,全弄堂一

第十一章 ※ 文坛新星　声名鹊起

点什么声音也听不到。

那夜,就和鲁迅先生和许先生一道坐在长桌旁边喝茶的。当夜谈了许多关于伪满洲国的事情,从饭后谈起,一直谈到九点钟十点钟而后到十一点钟。时时想退出来,让鲁迅先生好早点休息,因为我看出来鲁迅先生身体不大好,又加上听许先生说过,鲁迅先生伤风了一个多月,刚好了的。

但鲁迅先生并没有疲倦的样子。虽然客厅里也摆着一张可以卧倒的藤椅,我们劝他几次想让他坐在藤椅上休息一下,但是他没有去,仍旧坐在椅子上。并且还上楼一次,去加穿了一件皮袍子。

那夜鲁迅先生到底讲了些什么,现在记不起来了。也许想起来的不是那夜讲的而是以后讲的也说不定。过了十一点,天就落雨了,雨点淅沥淅沥地打在玻璃窗上,窗子没有窗帘,所以偶一回头,就看到玻璃窗上有小水流往下流。夜已深了,并且落了雨,心里十分着急,几次站起来想要走,但是鲁迅先生和许先生一再说再坐一下:"十二点以前终归有车子可搭的。"所以一直坐到将近十二点,才穿起雨衣来,打开客厅外边的响着的铁门,鲁迅先生非要送到铁门外不可。我想为什么他一定要送呢?对于这样年轻的客人,这样的送是应该的吗?雨不会打湿了头发,受了寒伤风不又要继续下去吗?站在铁门外边,鲁迅先生说,并且指着隔壁那家写着"茶"字的大牌子说:"下次来记住这个'茶'字,就是这个'茶'的隔壁。"而且伸出手去,几乎是触到了钉在锁门旁边的那个九号的"九"字,"下次来记住'茶'的旁边九号。"

此后,鲁迅还多次在信中提到"有空望随便来玩",可见他对萧红和萧军非常喜爱。

萧军的《八月的乡村》写的是有关东北抗联反抗日军侵略的内容,所以在成稿之初几乎没有公开出版的希望。最终鲁迅提议,该书直接以"奴隶社"的名义自费出版,而在叶紫、黄新波等人的共同努力下,出版的进程也很顺利,八月份就印出了第一版。

然而,比《八月的乡村》更早完稿的《生死场》却有些命途多舛。鲁迅先生本来是希望这本书可以公开出版,于是便将书稿投送给当时上海专门出版抗日救亡书籍的生活书店,不巧却正赶上国民党严查左翼文艺,限制反对党义的文学作品出版。眼看生活书店出版无望,便又将稿件投递给《妇女生活》出版社,同样被拒。

就这样耽搁了大半年,鲁迅最终决定《生死场》也同样以"奴隶社"的名义出版,为了掩人耳目,他们将"奴隶社"的发行所在地设置在四马路的荣光书局。经过几个月的筹备,《生死场》作为"奴隶丛书"的第三部,终于在一九三五年十二月出版问世,作者署名"萧红"。

《生死场》的问世直接奠定了萧红在文坛的地位。

鲁迅先生在《生死场》的序言中赞赏道:

这本稿子到了我的桌上,已是今年的春天,我早重回闸北,周围又复熙熙攘攘的时候了。但却看见了五年以前,以及更早的哈尔滨。这自然还不过是略图，叙事和写景，胜于人物的描写，然而北方人民的对于生的坚强，对于死的挣扎，却往往已经力透纸背；女性作者的细致的观察和越轨的笔致，又增加了不少明丽和新鲜。精神是健全的，就是深恶文艺和功利有关的人，如果看起来，她不幸得很，她也难免不能毫无所得。

萧红在《生死场》里将"北方人民对于生的坚强，对于死的挣扎"描绘得淋漓尽致。她用极为细致而优美的语言为我们呈现了一个残忍无情的乡村世界。而在这残忍无情的世界里，女性成了愚昧与残暴的见证者和受害者。

就像萧红所说的那样："在乡村，人和动物一起忙着生，忙着死……"这些跃然纸上的生与死的场面正是她从小目睹的现实世界，是陪伴了她的童年乃至少年时期的鲜活记忆，是她在呼兰县城、在福昌号屯、在哈尔滨冬日的大街上亲眼目睹的寻常生活。

胡风在《〈生死场〉读后记》中也写道：

不用说，这里的农民的运命是不能够和走向地上乐园的苏联的农民相比的：蚁子似的生活着，糊糊涂涂的生殖，乱七八糟的死亡，用自己的血汗自己的生命肥沃了大地，种出食粮，养出畜类，勤勤苦苦地蠕动在自然的暴君和两只脚的暴君的威力下面。

尽管鲁迅和胡风都将这部作品的主要矛盾聚焦在萧红对于阶级压迫下乡村人民困苦生活的生动描绘，但其实这部作品更突出的特色在于展示了萧红独特的个人风格，以及鲜明的女性立场。

自杀未遂的王婆、被病痛折磨致死的月英、未婚先孕并深陷不幸婚姻的金枝，乃至刚出生没多久就惨死的小金枝，每一个女性无一例外地在男性权力的笼罩中谋求生存，她们的生与死、爱和恨似乎都要由身畔的男人来决定。这些惨烈的生死景象，正是她基于作为女性自身的生命体悟而写就的。尽管萧红平静地叙述着与这些女人有关的故事，但每一句平静的叙述背后，却都是对男性话语的质疑和批判。这样毒辣的视角和尖锐的批判，在当时是很少见的。

除了《生死场》的成功，萧红还参与到新刊的编辑中去。一九三六年一月，由胡风、聂绀弩和二萧合编的文学刊物《海燕》创刊，发刊当日就售出两千册，大家极为高兴，鲁迅先生决定再次在梁园设宴，大家一起喝酒庆功。

这次宴会邀请的人与上次几乎无异，然而萧红与萧军心中却感慨万千，毕竟一年以前他们还是初来乍到、懵懂无知的文学青年，今天再一次来到这里，却已经成为享誉文坛的作家。两人清楚地明白，这一切，都是因为鲁迅先生不辞辛劳的提携和奔走。

往后的路上，他们必须更加用心，拿出更好的作品来，才能不辜负先生的良苦用心。

第十二章

同床异梦　伤痕难愈

往日的爱人,
为我遮蔽暴风雨,
而今他变成暴风雨了,
让我怎样来抵抗?
敌人的攻击,
爱人的伤悼。

——《苦杯(五)》

❋ ❋ ❋

《八月的乡村》和《生死场》的问世,作为一股朝气蓬勃的新生力量给当时的上海文坛带来了不小的新奇和惊动,而上海文坛也迅速记住了萧红、萧军这两个名字。

成名对二萧来说,是才华和努力得到的应有的报偿。新书的畅销为他们带来了知名度,也使得他们其他的作品有了更多发表的机会,两人终于可以依靠稿费的收入过上不错的生活了。

然而,就在两人的生活刚刚出现一点点幸福的轮廓时,他们才发现,衣食无忧并没有让这个小小的家庭更加温馨,两人之间越来越大的情感缝隙,是任何物质都没法填满的。

在与萧军组成的这个小家庭中,萧红扮演着一个复杂的角色,自从她作为一个泥淖中的幸存者被萧军拯救出来时,她就一直是两人中弱势的一方。她既是孩子又是妻子,她要承担房间以内的所有工作,她要做这个家的劳动者、赞美者、倾听者、奉献者,她必须付出失去自我的代价以展现出萧军所谓的"妻性",以满足他作为男性的尊严和骄傲。

一次,胡风和梅志到萧红家看望两人,推门进屋发现萧红正扎着花围裙跪在地上擦地板,见到他们进屋才气喘吁吁地直起腰来,梅志问萧军怎么不在。

萧红答道:"人家一早到法国公园里看书用功去了,等回来你看吧,一定怪我不看书了。"

梅志发现，萧红虽然干活利落，但脸色却很差，泛着不健康的苍白，整个人看着也没什么精神。

胡风夫妇在萧红家坐了一会儿，萧军就从外面回来了。他精神充沛，容光焕发，一进屋就给阴沉沉的屋子里带来了一股阳气和热力，与萧红身上沉郁的病态形成鲜明的对比。萧军进屋和胡风夫妇热情地打过招呼后，果然开始责怪萧红不读书："你就是不用功，不肯多读点书。你看我，一早晨大半本。"

可见萧红对萧军对待自己的态度、对两人的相处模式早已经习以为常，萧军对萧红的苛责与轻视似乎也已经成为一种理所当然的日常。

英雄救美的故事成为过去，孱弱无依的落难者爬出了命运的枯井。萧红在枯井之外的阳光下活了下来，并开始制造阳光，当她开始有了自己的影响力，当她开始有了自己的姓名，不再是躲在男人身后的依附者和从属者，那曾经将她救出枯井的人却感到失望了。

因为，她散发出的光芒掩盖了他的英雄主义。

《生死场》的成功让萧红不再默默无闻，人们对她的评价也超过了萧军，文坛对于萧红得天独厚的文学天赋赞叹有加，而鲁迅更是评价她为"三十年代的文学洛神"。

胡风就曾当着萧军的面直言不讳地夸奖萧红说："她在创作才能上可比你高。她写的人物是从生活里提炼出来的，活生生的，不管是悲是喜都能使我们产生共鸣，好像我们都很熟悉似的。而你可能写得比她深刻，但常常是没有她的动人。你是以用功和刻苦，达到艺术的高度，而她可是凭个人感受和天才在创作……"

萧军作为萧红在文学道路上的启蒙者，对于这些日渐转向的评价是难以接受的，他也向来对于萧红写作的题材和手法报以轻蔑的态度。但在胡风面前，他只好委婉地为自己辩护说："我也是重视她的创作才能的，但是她可少不了我的帮助……"

在这段从未公平过的感情里，萧红一直都是被掠夺者。

这种不公平，从相遇时萧红的以身相许就开始了。两人的一些文学作品中就曾经暗示过，在萧红生产之前，他们就已经有了肉体上的关系。这是萧红为了抓住最后的救命稻草而不得不用女性特有的方式所抛出的赌注。

萧红生产之后，漂流、奔波、惊吓、压抑的生活给她的身体造成了不可逆转的创伤，这使得她一生都在承受着妇科病、头痛、贫血等疾病的折磨，并且因为贫困而一再地错过了治疗的机会。

然而与萧红正好相反，军人出身的萧军身体康健，充满活力，精力旺盛，他永远也体会不到被顽疾缠身的无力感，这种身体状态上的悬殊自然也就造成了两人夫妻生活的不和谐。

叔本华说："性爱关系在人类生活中扮演着极其重要的角色。"而两人这段本来就因性而起的爱情，在饱暖思淫欲的人性面前，就显得相当可悲。

印证了这一点，并将两人的关系进一步撕裂的最致命的力量，就是再次出现在二人生活中的那个"南方的姑娘"陈涓。

当时已经结婚生子的陈涓，听说二萧就住在自己哥哥家附近，在回上海后不久就到二萧家中拜访。似乎是为了证明自己心怀坦荡，陈涓在临走前还特地要求萧军送她回去。

陈涓的出现使萧军三年前被熄灭的恋爱激情再次燃烧了起来。此后，萧军经常独自到陈涓家去，也经常邀请她出去吃饭。

萧军对陈涓的感情是强烈的，而且他一点都不避讳，还经常在陈涓面前炫耀自己蒙骗萧红的"光辉事迹"。

有一次，萧军又到陈涓家，一进门就对她说："她（萧红）问我，你是到那儿（陈涓家）去吗？我向她撒谎说：'不，我要到书店去，×那样远的路我去干什么？'"还有一次，他喝了酒之后又跑到陈涓家，进屋说了一句："我在四川路乔新亚吃饭。"之后就没下文了，实则是一次次地表示自己为了见她不在乎路途遥远的热情。

因为陈涓并不明确地接受和拒绝，萧军也并没有点到为止，他去陈涓家的次数越来越频繁，甚至有一次还在谈话中亲吻了她的额头。

然而陈涓并不打算在上海久留，三四个月后，她丈夫几次三番来信催她回家，她也只好准备动身北上。当时她把丈夫寄来的旅费都挥霍掉了，萧军便慷慨地给了她二十元钱用作旅费。

陈涓临走前一晚，萧军又到她家，他带着她到咖啡店，阴沉着脸，显然是依依不舍地沉默着喝酒，陈涓劝阻他，他便深情款款地说："从明天起我就不再喝酒了，为了你的缘故。这一杯，你让我痛痛快快地喝了吧。"

那天晚上，萧军本来已经与陈涓分开，结果在陈涓去与友人见面时，他竟然又从一处电线杆后跳出来，向着二人惨厉而狰狞地笑了两声，继而扬扬手离开。原来，是萧军疑心陈涓心里爱慕着别人，才一路尾随想看个究竟的。

虽然这段感情因为陈涓的离开再一次无疾而终，但萧军似乎一直对她念念不忘。她年轻漂亮，天真可爱，最主要的是，她将永远是他的读者、跟随者、崇拜者，他不用担心有一天她会摆脱掉他的"庇护"而独当一面。她会是个听话而没什么追求的妻子，她会温柔贤惠，且健康，她身上充满着萧军所欣赏和向往的那种"妻性"。

萧红一直都知道陈涓的出现意味着什么，也知道萧军那些早出晚归的日子、日渐疏远的动作和神态意味着什么，可她仍然选择像三年前那样隐忍。

女性的柔情是获得幸福的撒手锏，也是毁灭自己的断头台。正是有了这份专属于女性的柔情，她们才常常会因为感动而生出爱情。因为当年他救她于水火，那份感动就足以支撑她对他一辈子的爱慕和依恋。因而，即便面对萧军如此张扬的出轨行为，她仍然因为对他怀着无限的不舍和眷恋而装作视而不见。

她无处倾诉，只好把自己的悲戚写进诗里。

他又去公园了，
我说：
"我也去吧！"
"你去做什么？"他自己走了。

他给他新的情人的诗说：
"有谁不爱个鸟儿似的姑娘！"

"有谁忍拒绝少女红唇的苦!"
我不是少女,
我没有红唇,
我穿的是从厨房带来油污的衣裳。
为生活而流浪,
我更没有少女美的心肠。

他独自走了,
他独自去享受黄昏时公园里美丽的时光,
我在家里等待着,
等待明朝再去煮米熬汤。

对萧红而言,萧军是这个世界上最亲近的人,毕竟她已经是一个无家可归的人。普通的夫妻吵架,女人还能回娘家,但是萧红没有娘家,她的名字都已经被从族谱上除去了。在这偌大的上海滩,她也没有几个知心的朋友,她甚至连想哭都没有一个合适的去处。

近来时时想要哭了,
但没有一个适当的地方:
坐在床上哭,怕是他看到;
跑到厨房去哭,
怕是邻居看到;

在街头哭,

那些陌生的人更会哗笑。

人间对我都是无情了。

一九三六年三月,为了方便常去鲁迅家帮忙照料,二萧搬到了北四川路永乐里,那段时间也正是两人面临情感危机的时候,萧红几乎每天都要去鲁迅家。

许广平一早就看出了萧红的心事重重,在怀念她的文章中写道:

当然不能否认,萧红先生文章上表现相当英武,而实际多少还赋予女性的柔和,所以在处理一个问题时,也许感情胜过理智。有一个时期,烦闷、失望、哀愁笼罩了她整个的生命力,然而她还能振作一时,替刘军先生整理文稿。有时又诉说她头痛得厉害,身体也衰弱,面色苍白,一望而知是贫血的样子。

当时鲁迅先生的身体状况也已经很差了,不能多被打扰,许广平为了让他尽量早些康复,恢复体力,一直让他避免见客。萧红到鲁迅家也知趣地很少到楼上打扰,多半时间都是找许广平聊天,或者陪周海婴玩一会儿。

为了照顾萧红的心情,许广平不得不努力地平衡照顾鲁迅和陪伴萧红聊天的时间,她在回忆中写道:

她有时谈得很开心，更多的是勉强谈话而强烈的哀愁，时常侵袭上来，像用纸包着水，总没法不叫它渗出来。自然萧红女士也常用力克制，却转像加热在水壶上，反而在壶外面都是水点，一些也遮不住。

虽然同为女性，但许广平毕竟也只是一个外人，无论她怎样去陪伴和开解萧红，她也是无法从根源上解决她心上的苦闷的，因为她不是萧军，她也就不是那个解铃人。

有一次，因为与萧红谈天的时间过长，许广平大半天后走到楼上，才发现鲁迅先生午觉刚睡醒，却没有关窗子，虽然是夏天，风却很大，先生为此着了凉，又生了一场病。

因为这样的事总是不可避免地发生，许广平对萧红的时常造访也渐渐不能抱之以无限的耐心来欢迎。有时候她忙于照料鲁迅，就只好让萧红独自一人待着，或者叫海婴来陪伴她。

某天，胡风夫妇到鲁迅家拜访，许广平便向梅志诉说起因为萧红的烦恼而带来的烦恼："萧红又在前厅……她天天来一坐就是半天，我哪来时间陪她，只好叫海婴去陪她。我知道她也苦恼得很……她痛苦，她寂寞，没地方去就跑这儿来，我能向她表示不高兴、不欢迎吗？唉，真没办法！"

梅志在回忆萧红的文章中提到，萧红曾经不止一次地孤身一人到霞飞路附近的俄国大菜馆去吃两角钱一位的便宜菜。那时候梅志还不能理解，二萧的经济条件明明可以请个保姆来照顾饮食起居，何以还要绕着远路去费这种没有必要的周章呢？

因为除了萧红自己，没有人知道那两角钱的便宜菜对她来说，是她与萧军相爱过、患难过的见证，是陪着她从人生中最灰暗难熬的时光里一路走来的陪伴。

那廉价却熟悉的味道里承载的，是午夜时分因为饥饿无法入睡而想到偷列巴圈的日子，是因为第一次拿到二十元工资而到下等人专去的馆子里喝丸子汤的日子，是吃不起黄油面包而把咸盐涂在黑面包上果腹的日子。

那些日子里，萧军只属于萧红，两人是彼此唯一的信徒，他们有着摆脱困境的共同目标，他们为了暖饱的生活和文学的梦想共同奋斗。无论是哈尔滨没有炉火的严冬，还是无数个饿肚子的夜晚，他们从未放开过彼此紧握的手。

但现在一切都变了，他们无需继续对抗饥寒，生活给了两人更多的思考空间，这些空间便渐渐构成了两颗心之间越来越大的缝隙。而面对这种难以弥合的隔膜，萧军选择视而不见，我行我素，继而在他洒脱地转过身后将所有的痛苦和压抑留给萧红一个人承担。

白朗作为从哈尔滨时期就与萧红很亲近的朋友，她是了解萧红的。

> 红是一个神经质的聪明人，她有着超人的才气，我尤其敬爱她那种温柔又爽朗的性格，和那颗忠于事业忠于爱情的心；但我却不大喜欢她那太能忍让的"美德"，这也许正是她的弱点。红是很少把她的隐痛向我诉说的，慢慢地，我体验出来了：她的真挚的爱人的热情没有得到真挚的答报，相反的，

正常常遭到无情的挫伤。她的温柔和忍让没有换来体贴和恩爱，在强暴者面前只显得无能和懦弱。

在萧军的强势统治下，萧红一再地忍让，她承包了家庭中的所有家务，她为了萧军体面地参加宴会而为他连夜缝衣服，而萧军在创作过程中的抄写工作也都由萧红代劳。她努力地扮演好一个妻子的角色，但在萧军眼里，这些事情似乎是理所当然，是女性在男性臂弯中所必须完成的使命，这种态度让萧红感到心寒。

这段长时间的情感问题，加之在上海文坛突如其来的盛名，萧红和萧军也几乎同时陷入创作的焦虑中，两人继续生活在同一个屋檐下无疑只能越发压抑，于是决定暂时分开一段时间，给彼此足够的时间和空间去思考过去和未来。

当时周围的朋友对这二萧的情感危机都很关注。在得知两人有意暂时分开后，好友黄源建议萧红可以去日本住一段时间散散心，一是上海距离日本的路程不算太远，二是日本的生活费也比上海多不了多少；相比动荡的上海，当时的日本环境倒是相对安静些，对萧红而言，既可以休养身体，也可以专心读书写作，还能同时学学日语，在休养和学习中调整好精神状态。另外，日本的出版业也比较发达，在那里能看到不少国内没机会看到的书。而且最重要的是，黄源的妻子许粤华当时正在日本学习日语，萧红到日本后可以直接去找许粤华帮忙安排食宿和生活。

正当萧红陷入犹豫，不确定自己是否该动身前往日本的时候，恰好收到了弟弟张秀珂的来信，信中说自己正在东京念书。想到可以在日本与多年未见的弟弟重聚，萧红心中十分期待，便下定了去日本的决心。

最后萧军与萧红商议决定：萧红去日本，萧军去青岛，暂时以一年为期分居，一年以后到上海聚合。

一九三六年七月十五日，萧红临行前，病中的鲁迅和许广平在家中设宴为萧红饯行，在她临行前对她说了许多到日本该注意的事情。

萧红为了迎接即将到来的新生活，还特地烫了时髦的新发型，到裁缝店定制了一件崭新的西装。次日，萧军与黄源单独为萧红饯行，酒足饭饱后，萧红与萧军、黄源在照相馆拍了一张合影，便只身踏上了去往异国他乡的旅程。

第十三章

异国他乡　沙粒飞扬

❋　❋　❋

夜间：这窗外的树声，

听来好像家乡田野上抖动着的高粱，

但，这不是。

这是异国了，

踏踏的木屐声音有时潮水一般了。

日里：这青蓝的天空，

好像家乡六月里广茫的原野，

但，这不是，

这是异国了。

这异国的蝉鸣也好像更响了一些。

——《异国》

❋ ❋ ❋

一九三六年七月十七日,萧红踏上前往日本的轮船,并于七月二十日抵达东京。

次日,萧红在许粤华等人的帮助下,在离许粤华住处不远的位于东京麴町区富士见町二丁目九一五中村方住下。

刚刚安定下来的第一天,萧红就给萧军写信,忍不住分享在东京的新生活,然而,信中更多的还是对萧军的嘘寒问暖。

均:

你的身体这几天怎么样? 吃得舒服吗?睡得也好?当我搬房子的时候,我想:你没有来,假若你也来,你一定看到这样的席子就要先在上面打一个滚,是很好的,像住在画的房子里面似的。

你来信寄到许的地方就好,因为她的房东熟一些。

海滨,许不去,以后再看,或者我自己去。

一张桌是(和)一个椅子都是借的,屋子里面也很规整,只是感到寂寞了一点,总有点好像少了一点什么!住下几天就好了。

外面我听到蝉叫,听到踏踏的奇怪的鞋声,不想写了!也许她们快来叫我出去吃饭的时候了!

你的药不要忘记吃,饭少吃些,可以到游泳池去游泳两次,假若身体太弱，到海上去游泳更不能够了。

祝好！

别的朋友也都祝好！

莹

七月廿一日

与此同时，萧红还给弟弟张秀珂去信，告诉他自己已经抵达日本，约他在两天后的下午六点钟在一家饭馆见面。到了约定的日期，萧红特地穿了件漂亮的红衣裳，提前一个小时就到饭馆等候。然而，她等到晚上七点多钟还是没见到弟弟的身影，只好独自回家。

第二天，萧红直接找到弟弟在信上提到的居所，但只见到一个穿灰色大袖子衣裳的老太太，老太太告诉她，张秀珂在月初就已经离开东京了。

萧红感到十分遗憾，因为自己本来可以一到东京就直奔弟弟的住处与他会面，但是当初考虑到弟弟是代表伪满洲国的留学生，而自己又是有名有姓的左翼作家，害怕两人贸然的见面会对彼此产生不好的影响。而事实上，当时张秀珂并没有离开东京，也正是出于和姐姐一样的考虑，害怕被特务发现，才放弃了和姐姐见面的机会。

在错过与弟弟的见面机会后，萧红不得不开始独自适应异国他乡的陌生生活。

萧红所住的居所附近有中央线饭田桥车站和而今的北之丸公园，在她的描述中看上去环境不错，也很宁静。

在我住所的北边，有一带小高坡，那上面种的或是松树或是柏树，它们在雨天里，就像同在夜雾里一样，是那么朦胧而且又那么宁静！好像飞在枝间的鸟雀羽翼的音响我都能够听到。

萧红的住所是一栋民房的二楼，整间屋子大约十平米，房间虽小，却很温馨。正面是日式拉门，左边是挂着竹帘的纸拉窗，屋子里除了借来的桌子和藤椅，萧红还买来几张画来装饰，买了草褥当沙发，等到天气转凉的时候，她还特意买了火盆来取暖。

住在楼下的房东一家都是热心而亲切的人，尤其是女房东，看到萧红只身一人旅居异国，便经常来看望她，还时不时带一些方糖、花生、饼干之类的小礼物。有一次，在日本警察来盘查萧红的身份时，她还想办法帮助萧红把警察给阻拦回去。很会哄小朋友的萧红也很快就和房东五岁的儿子打成一片，还会从小孩那里学几个简单的日文单字。

然而周围人的热情并没有减少萧红心中强烈的孤独感，以及这孤独带来的无法淡化的忧伤。

刚到东京的前几天，萧红十分不适应。许粤华有自己的事情要做，没时间经常陪伴她，她独自一人留在家中，想写东西，却根本没办法沉静下来。她想给萧军写信，但钢笔没有墨水，写不出字来，萧红一个人摆弄了半天，怎么也没能把墨水装进钢笔里。

一想到在这里，她语言不通，没有人可以讲话，书也看不懂，报纸也没有，想去街上走走，却又不认识路，那种孤寂得仿佛与全世界隔离的感觉，就像"充军西伯利亚一样"，萧红感到十分无聊，比初到上海时还要无聊百倍。而这些小小的挫折就成了压垮她的最后一根稻草，她在屋子里崩溃大哭，哭着给萧军写信诉说自己的寂寥心境。

生活里没了萧军熟悉的脚步声，她心中像是缺了什么必需品似的，多年来的习惯根本没有办法一朝一夕之间改掉。对于萧红来说，她也并不打算提前适应没有萧军的生活，纵使分离之前与萧军有千般万般的不和睦，但她仍然忠诚地爱着他。

因为她忠诚地爱着萧军，并且时时刻刻挂念着他，她会在信中叮嘱他每天要吃鸡蛋，在他病了的时候提醒他吃药，为了他能生活得舒适些而用半命令的口吻要他换掉那些不利于健康的生活用品。

你的小伤风既然伤了许多日子也应该管它，吃点阿司匹林吧！一吃就好。

现在我庄严地告诉你一件事情，在你看到之后一定要在回信上写明！就是第一件你要买个软枕头，看过我的信就去买！硬枕头使脑神经很坏。你若不买，来信也告诉我一声，我在这边买两个给你寄去，不贵，并且很软。第二件你要买一张当作被子来用的有毛的那种单子，就像我带来那样的，不过更该厚点。你若懒得买，来信也告诉我，也为你寄去。还有，不要忘了夜里不要吃东西。

然而萧军对萧红过于细致的关心却有些反感甚至厌烦，因为他把来自女人的这种独特的关怀当作"怜悯"，作为一个有些大男子主义的男性，萧军没办法接受萧红哪怕有一点强势的样子。这从他在往日给萧红取的昵称里似乎也能看出端倪，因为萧军觉得萧红高兴起来像一只受惊的小鹅，就给她取了小鹅这个昵称，除了小鹅，萧军还给萧红取过诸如小麻雀、小海豹之类的昵称。就像《玩偶之家》中的海尔茂一样，他希望自己的爱人可以像玩偶或小动物一样乖巧可爱，他却绝不能接受爱人的强势，哪怕是像萧红这样出于对他的关心的故作强势。

尽管萧红的自说自话在萧军那里收效甚微，但对她而言这段日子里唯一能抚慰心灵的事仍然是和萧军的通信。在写给萧军的信中，萧红几乎是把自己的生活事无巨细地汇报给萧军，比如日本的蚊子特别大，腿肚上被叮了大包，手上受了伤，又去了哪家书店之类的，甚至平时都吃了什么，价钱多少也会说一说。

但是就是这种近乎撒娇式的只为寻求关注的小女儿情状，在萧军那里竟也成了一种"过错"，引起他的不快来，看到这些碎碎念时，他的想法是这样的：

> 腿肚上被蚊虫咬了个大包，她也会说一说的，好像如此一说，这"大包"就可不痛不痒了，其实我对她这"大包"能有什么办法呢？——这也是我们俩体性不相同的地方。在我是不愿向任何人谈论自己的病症或伤害的，我以为这是无

益，也伤害到自尊的事，总愿意把"愉快"给予人……

萧军对萧红提出的一些小要求似乎也总会忽视掉，因为语言不通，萧红在日本几乎无书可看，对祖国的文字也甚是思念，在信里要萧军给她寄一本唐诗。她在八月二十二日给萧军的信中提到："你还是买一部唐诗给我寄来。"在九月六日的信中再次提到唐诗的事："唐诗我是要看的，快请寄来！精神上的粮食太缺乏！所以也会有病！"在九月九日的信中则再次催促道："唐诗还是快点寄来。"

虽然最后萧红收到了萧军寄来的唐诗，但是在她接二连三的催促中，似乎也能窥见萧军对自己的态度来。

萧红到日本一个月后，好友许粤华就因为黄源父亲病重，失去了经济来源而不得不中断学业，提前回国。当时萧红也正疾病缠身，连续几天没来由地发烧，烧得骨节发酸，还整夜地口干、胃胀、不舒服。身体上的病痛，加之许粤华回国后她在日本就再没有熟识的朋友，让她心中更添了许多烦闷。

许粤华走后，萧红身体还没恢复好，就开始着手写作，因为在异国无聊烦闷的生活里，除了写作，她也没有什么可以打发时间的事情可做了。

这段时间萧红创作了散文《孤独的生活》，发表于《中流》。同时，为了排遣独居异国的孤独心绪，还创作了诗歌《异国》，但并未公开发表。

为了能让自己进入创作状态，萧红几乎是在逼迫自己，她给自己定下目标：要在当月二十五日之前完成一篇三万字的小说。忙碌可以让人充实，但萧红伏在桌前写作的时候难免还是会思绪混乱，有时候她会习惯性地想到萧军，尤其是在一个人无法入眠的夜里，记忆总会在这时候像午夜档的电影一样准时地呈现她的脑中，她也就因此而一次次地陷入到惆怅的情绪中去。

  均：

  不得了了！已经打破了记录，今已经超出了十页稿纸。我感到了大欢喜。但，正在我写这信，外边是大风雨，电灯已经忽明忽灭了几次。我来了一个奇怪的幻想，是不是会地震呢？三万字已经有二十六页了。不会震掉吧！这真是幼稚的思想。但，说真话，心上总有点不平静，也许是因为"你"不在旁边？

  电灯又灭了一次。外面的雷声好像劈裂着什么似的！我立刻想起了一个新的题材。

  从前我对着这雷声，并没有什么感觉，现在不然了，它都会随时波动着我的灵魂。

  灵魂太细微的人同时也一定渺小，所以我并不崇敬我自己。我崇敬粗大的，宽宏的！

  我的表已经十点一刻了，不知你那里是不是也有大风雨？

  电灯又灭了一次。

  只得问一声晚安放下笔了。

                吟

卅一日夜，八月

萧红这充满浪漫色彩的慨叹，在萧军眼里也成了拉大两人之间隔阂的借口，在这封信的注释中，萧军写道：

> 我的灵魂比她当然要粗大、宽宏一些。她虽然"崇敬"，但我以为她并不爱具有这样灵魂的人，相反的，她会感到它——这样灵魂——伤害到她的灵魂的自尊，因此她可能还憎恨它，最终要逃开它……她曾写过我是具有"强盗"一般灵魂的人！这确是伤害了我，如果我没有类于这样的灵魂，恐怕她是不会得救的！

九月初，萧红开始到东亚学校学习日语，这所学校位于神田区神保町二－二十号，距离萧红的住处大概有一千五百米。这所学校是日本著名教育家松本龟次郎于一九一四年创立的，学校里的学生都是中国人，而且创办人松本先生还曾在宏文学院教过鲁迅。

虽然胃痛和肚痛的毛病时常侵扰，但萧红为了不落后于人，总是忍着病痛坚持着每天长达六七个小时的学习。因为日语的进步，萧红也渐渐敢于扩大她的活动范围了，从只敢一个人在附近的澡堂量体重、一个人出门看电影，到可以坐着高架电车去更远的地方。

她开始熟悉并习惯于日本的生活，更能够欣赏这宁静祥和的

第十三章 ※ 异国他乡 沙粒飞扬

夜色了。

  我很爱夜,这里的夜,非常沉静,每夜我要醒几次的,每醒来总是立刻又昏昏的睡去,特别安静,又特别舒适。早晨也是好的,阳光还没晒到我的窗上,我就起来了,想想什么,或是吃点什么。这两三天之内,我的心又安然下来了。什么人什么命,吓了一下,不在乎。

  然而,这得来不易的宁静很快就被打破了。
  一九三六年十月十九日,鲁迅先生在上海病逝。但由于萧红在东京,并没有第一时间接到消息,萧军在当时写给她的信中也并未直接提及此事,一是因为当时他忙于操持鲁迅先生的身后事,另一方面也是害怕本就身体有恙的萧红听说此事后受打击过大,一时之间也不知道该怎么向她提起。
  然而鲁迅先生毕竟盛名在外,他去世的消息二十一日就在日本见报了。萧红在报纸上看到的标题是"鲁迅的'偲'",但她对日语也只是一知半解的程度,很多词句看不太懂,字典上也没有查到。然而她又在正文里看到"逝世"两个字,她心中有些沉重,因为她实在不能把鲁迅和死亡联系起来,于是为了弄清楚报纸上的内容,她坐上电车去问懂日文的熟人,是不是报纸上写着鲁迅先生去世了,熟人出于安慰,骗她说是她看错了,并不是那么回事。萧红当时还天真地以为鲁迅要来日本了,十分欣喜地盼望着,还买了本画册打算送给他。

但这样重大的消息不可能一直隐瞒下去,十月二十三日,萧红在中国报纸上明明白白地看到了鲁迅去世的消息,这个消息对萧红来说无异于晴天霹雳,她感觉心中的一座大厦崩塌了

当时距离萧红离开上海仅仅过去三个月而已,那时候鲁迅还在家宴的酒桌上叮嘱她:"每到码头,就要有验病的上来,不要怕,中国人就专会吓唬中国人,茶房就会说:'验病的来啦!来啦……'"先生的音容笑貌历历在目,然而现在却突然不在人世了,这让她怎么能够接受呢?

此时萧红更为担心的还是许广平母子,因为她在幼年时期就接二连三地失去亲人,她太了解那种痛苦和无助的心情了。她在给萧军的信中写道:

> 可怕的是许女士的悲痛,想个法子,好好安慰着她,最好是使她不要静下来,多多的和她来往。过了这一个最难忍的痛苦的初期,以后总是比开头容易平复下来。还有那孩子,我真不能够想象了。我想一步踏了回来,这想象的时间,在一个完全孤独了的人是多么可怕……告诉许女士:看在孩子的面上,不要太多哭。

萧军听了萧红的建议,在鲁迅先生去世后,经常和朋友们去看望许广平母子。除了萧军,黄源、聂绀弩夫妇、胡风夫妇、张天翼夫妇,都不约而同地因为害怕许先生难以走出伤心的阴影而经常来看望她。

第十三章 ※ 异国他乡 沙粒飞扬

有一次,萧军和黄源为了让她放松心情,执意拉着她去看电影。然而在电影院昏暗的光线下,许广平却想到,这十年来,她每次踏进影院都是和鲁迅一起的,影院里的一切不免使她触景生情,默默流泪。尽管年轻人的热心起到了反作用,但许广平一直十分感激他们的这份心意。

鲁迅去世后,萧红在很长一段时间里陷入了低迷的状态。因为上火的缘故,她的嘴唇全都烧破了,身体的旧疾也开始复发。在这段时间里,她的精神状态也发生了一些变化,她给萧军去的信变少了,字里行间也再没有一开始天真坦率的态度,而是开始拿捏字句,斟酌态度,语气上更加冷静平淡了。

毕竟,她才刚刚开始适应日本的生活,刚刚学着在这寂寥的生活里为自己找到一些能够充实自己的乐趣,但这突如其来的噩耗又一次使她丧失了对生活所有的兴味和信念,仿佛一切的努力都是徒劳一样。

这中间她也萌生了回国的念头,但她还是没有回国,她好像有些留恋这里安全而平静的生活。为了缓解悲伤,萧红开始更加努力地写稿,但却再也没有之前的冲劲,也没了之前的效率,在鲁迅先生去世及至她回国前夕,她也仅仅创作了不足万字的散文而已。

在鲁迅去世后一个月的时间里,她不断地生病,也不断地用装饰生活来掩饰内心的伤痛。她买了三幅画,分别挂在东、南、北三面墙上,不时地欣赏;本来戒掉的烟瘾又开始犯了,索性就继续抽烟,还顺带喝起了酒;她开始经常借房东的锅子烧点菜给自己吃,努力让冷清的屋子里稍微有一点温暖的烟火味;她开始认真地吃一日三餐,努力着想把胃养好,甚至还花了十一元钱买了双冰鞋到冰场滑冰。

萧红在十一月十九日,也就是鲁迅先生去世一个月后给萧军的信中写道:

> ……均:你是还没有过过这样的生活,和蛹一样,自己被卷在茧里去了。希望固然有,目的也固然有,但是都那么远和那么大。人尽靠着远的和大的来生活是不行的,虽然生活是为着将来而不是为着现在。
>
> 窗上洒着白月的当儿,我愿意关了灯,坐下来沉默一些时候,就在这沉默中,忽然像有警钟似的来到我心上:"这不就是我的黄金时代吗?此刻。"于是我摸着桌布,回身摸着藤椅的边沿,而后把手举到桌前,模模糊糊的,但确认定这是自己的手,而后再看到那单细的窗棂上去。是的,自己就在日本。自由和舒适,平静和安闲,经济一点也不压迫,这真是黄金时代,但又是多么寂寞的黄金时代呀!别人的黄金时代是舒展着翅膀过的,而我的黄金时代,是在笼子里过的。从此我又想到了别的,什么事来到我这里就不对了,也不是时候了。对于自己的平安,显然是有些不惯,所以又爱这平安,又怕这平安。

萧红享受着这份孤独,又惧怕这份孤独。即便她终于可以像伍尔芙写的那样,作为一个女作家拥有了自己的房间,但创作的心境却被长久地破坏了。她自己也不知道这种焦虑而混乱的状态会维持多久,而这孤独的日子对她来说,不但没起到散心的作用,反倒又给她添了几分压抑。

与此同时,国内局势越来越动荡,中日关系也更加紧张,战争随时会爆发,萧军也开始频繁地在来信中劝她回国。而萧红对日本的态度也随着时间的推移出现了明显的变化,她表示:

> 这里短时间住住则可,把日语学学,长了是熬不住的,若留学,这里我也不赞成,日本比我们中国还病态,还干枯,这里没有健康的灵魂,不是生活。中国人的灵魂在全世界中说起来,就是病态的灵魂,若到了日本,日本比我们更病态……一天到晚歌声是没有的,哭声笑声也都没有。夜里从窗子往外看去,家屋就都黑了,灯光也都被关在板窗里面。日本人民的生活,真是可怜,只有工作,工作得和鬼一样,所以他们的生活完全是阴森的。

一九三六年底,萧红决定回国。在回国前夕,萧红将在异乡的愁苦和思绪都写在了组诗《沙粒》中,算是对日本生活的总结和告别。

一九三七年一月九日,萧红登上开往中国的"秩父丸"号轮船,离开了东京。在船上,萧红还遇见了自己中学时代的好友高原以及一些共同回国的同学们,他们一起说笑着,老友的出现为这趟寂寞的旅程增添了不少的乐趣。经历了四天的海上漂流,终于抵达了上海。

第十四章

归期有期　告别不及

跟着别人的脚迹，
我走进了墓地，
又跟着别人的脚迹，
来到了你的墓边。
那天是个半阴的天气，
你死后我第一次来拜访你。
我就在你的墓边竖了一株小小的花草，
但，并不是用以招吊你的亡灵，

只说一声：久违。
我们踏着墓畔的小草，
听着附近的石匠钻刻着墓石或是碑文的声音，
那一刻，
胸中的肺叶跳跃起来，
我哭着你，
不是哭你，
而是哭着正义。
你的死，
总觉得是带走了正义，
虽然正义并不能被人带走。
我们走出了墓门，
那送着我们的仍是铁钻击打石头的声音，
我不敢去问那石匠，
将来他为着你将刻成怎样的碑文？

——《拜墓》

❋ ❋ ❋

　　萧红回到上海后，二萧再次搬家，地点是吕班路二百五十六号由俄国人经营的家庭公寓，这也是他们在上海的最后一个居所。

　　萧红在新居安顿下来后的第一件事就是到鲁迅的墓前祭拜。在许广平母子的陪同下，萧红来到鲁迅墓前，即使看到眼前真实的坟冢和墓碑，她的心里也仍然是恍惚的，她还是难以相信鲁迅已经去世的事实。

　　离开前，萧红在鲁迅坟前插了一朵小花，并为他写了一首《拜墓》，诗中表达了她无尽的遗憾和哀思。

　　对于萧红而言，鲁迅是她文学道路上的伯乐和导师，更是在生活里给了她胜似父爱般温暖的人。萧红从小就生活在父亲的阴影下，几乎从未感受过父爱，而这份缺失的情感却在鲁迅那里得到了弥补。

　　鲁迅对青年人有着无限的喜爱和关怀之情，他也一直寄希望于青年人，并从来都是力所能及地给他们帮助。但是那时候很多人都是对他先利用后打杀，这使得他对当时的青年人开始有所戒备。萧红和萧军的出现让鲁迅先生卸下了防备，一方面他们确实有着令人无法忽视的才华，另一方面是因为他们的言谈和眼神中带着一种令人久违的稚气，这种不向人设防的诚挚是没办法假装的，尤其萧红身上所散发出的那种与众不同的天才气质，更是让鲁迅坚信她将是中国文坛上不能错过的宝贵财富，所以必须小心呵护，让这天才的火光不至于被贫困和时局所熄灭，所以先生才对两人格外照顾。

　　在鲁迅刚刚去世的那段时间里，萧红想写一篇悼念先生的文章,可是她却想了很久都无法下笔。因为先生的样子仍然十分鲜活地停留在她心里,她始终觉得等到一觉醒来再去先生家拜访时,他一定还会像平时那样,坐在二楼窗前的躺椅上,思考或是看书,留给人一抹灰黑色的背影,但却无比的亲切。

一想到鲁迅先生,萧红想起的就是第一次去先生家见到的那盆"万年青"。当时正是冬天,萧红看到这样冷的天气里竟然还有如此青翠的植物,忍不住好奇地问道:"这叫什么名字?屋中不生火炉,也不冻死?"鲁迅先生告诉她:"这花叫'万年青',永久这样!"那是萧红第一次知道万年青这种"最耐久"的花。而今鲁迅先生去世了,那花却仍然翠绿,陪伴在先生的遗像前。而她是多么希望先生能够像那万年青一样,耐得住生命的严冬,能够在这纷繁的人间多停留一刻。

心绪平复之后,萧红为鲁迅先生写了《在东京》《逝者已矣》《鲁迅先生生活散记》《记忆中的鲁迅先生》等数篇散文,并最终将这些散文中的生活片段汇集成《回忆鲁迅先生》一文,全文两万四千余字,记录了鲁迅先生生前的诸多生活碎片,以及他的性格、兴趣爱好、生活习惯,等等。她的这篇文章向世人展示了一个真实而可爱的鲁迅先生,也成为人们了解鲁迅生平的重要资料。

萧红在回忆中写道:

> 鲁迅先生的笑声是明朗的,是从心里的欢喜。若有人说了什么可笑的话,鲁迅先生笑得连烟卷都拿不住了,常常是笑得咳嗽起来。
>
> ……

鲁迅先生吃的是清茶，其余不吃别的饮料。咖啡、可可、牛奶、汽水之类，家里都不预备。

……

鲁迅先生的休息，不听留声机，不出去散步，也不倒在床上睡觉。鲁迅先生自己说：

"坐在椅子上翻一翻书就是休息了。"

鲁迅在世人眼中大抵就是"横眉冷对千夫指，俯首甘为孺子牛"的冷峻形象，但在萧红的记忆里，他是鲜活而有温度的普通人，一个和蔼而有趣的长者。

有一次，萧红买了一身新衣服，是一件红上衣搭配着咖啡色的格纹裙子，她自己很喜欢，就跑到鲁迅跟前问道："周先生，我的衣裳漂亮不漂亮？"

鲁迅从上往下看了一眼说："不大漂亮。"过了一会又补充说，"你的裙子配的颜色不对，并不是红上衣不好看，各种颜色都是好看的，红上衣要配红裙子，不然就是黑裙子。咖啡色的就不行了；这两种颜色放在一起很混浊，你没看到外国人在街上走的吗？绝没有下边穿一件绿裙子，上边穿一件紫上衣，也没有穿一件红裙子而后穿一件白上衣的……"

鲁迅先生倚在躺椅上看着萧红，接着说："你这裙子是咖啡色的，还带格子，颜色混浊得很，所以把红衣裳也弄得不漂亮了，"说着说着似乎对穿着搭配这个话题产生了些兴趣，便继续说，"人瘦不要穿黑衣裳，人胖不要穿白衣裳；脚长的女人一定要穿黑鞋子，脚短就一定要穿白鞋子；方格子的衣裳胖人不能穿，但比横格子的还好；横格子的，胖人穿上，就把胖子更往两边裂着，更横宽了，胖子要穿竖条子的，竖的把人显得长，横的把人显得宽……"

评论完衣服，鲁迅又把萧红曾穿过的一双短筒靴子也略略批评了一番，说那短靴是军人穿的，因为靴子的前后都有一条线织的拉手，这拉手是应该放在裤子下面的。

萧红不理解为什么先生现在才说靴子的事，问道："周先生，为什么那靴子我穿了多久了而不告诉我，怎么现在才想起来呢？现在我不是不穿了吗？我穿的不是另外的鞋吗？"

鲁迅答："你不穿我才说的。你穿的时候，我一说你该不穿了。"

鲁迅似乎很不喜欢女性过于装饰自己。某天下午，几人要去参加宴会，萧红便向许广平要一点布条或绸带绑头发，许广平觉得年轻人大可以用些鲜艳的装饰，就拿来了米色、绿色、桃红色三种绸带，萧红选了米色的，而后许广平拿着桃红色的那条在萧红头上比量着，很开心地说："好看吧！多漂亮！"

然而鲁迅看到后却很不高兴，眼皮往下一放，低沉着声音说："不要那样妆她……"

有一次，萧红到鲁迅家去，途中遇大雨。她当时正因为与萧军闹矛盾，心情很差，根本无心避雨，索性在雨里慢慢走。等她到鲁迅家的时候，全身都已经被淋透了。许广平看到她失魂落魄的样子，急忙找出干衣服让她换上，鲁迅又拿出一双拖鞋让她穿。这双拖鞋很大，显然是男式的，萧红穿上以后根本没法走路。许广平笑着告诉她，这双拖鞋是瞿秋白住在这里时买回来的，他走了之后，就自然留给了鲁迅先生，所以已经穿得很破旧了。萧红听了心里十分温暖。后来，鲁迅又把这双拖鞋送给了胡风，胡风又把它送给了端木蕻良，可见有些缘分真像是上天注定的一样。

鲁迅喜欢吃北方菜，萧红恰好是北方人，很会做一些北方菜。她经常和萧军一起到鲁迅家包饺子或者韭菜盒子，有时候还会带来从菜馆打包好的菜和饺子馅儿，很多次，萧红觉得自己做的东西并不好吃，但鲁迅还是会在胃肠并不好的情况下破例多吃几口。关于餐食的事，几乎是萧红一提议，鲁迅必然赞成，也正是因为萧红和朋友们经常到访，给鲁迅家带来了许多的欢笑和生机。

后来先生经常生病，身体越来越差，但也还是会强打起精神会见来客，萧红知道自己不便多多打扰，有时候来了不上楼，有时候上楼也尽量减少和先生说话的时间。

萧红在鲁迅和许广平身上找到了小时候从未在父母那里得到的家庭温暖，有时候她觉得自己就是这个家的成员，而且海婴也爱和她玩，在鲁迅家的众多来客里，海婴唯独把萧红当成和自己一样的孩子看待。

除却友人们欢聚的喧嚣，萧红在鲁迅家的日子更多的是温馨的。

> 卧室在黄昏里边一点一点的暗下去，外边起了一点小风，隔院的树被风摇着发响。别人家的窗子有的被风打着发出自动开关的响声，家家的流水道都是哗啦哗啦的响着水声，一定是晚餐之后洗着杯盘的剩水。晚餐后该散步的散步去了，该会朋友的会朋友去了，弄堂里来去的稀疏不断的走着人，而娘姨们还没有解掉围裙呢，弄堂外汽车穿来穿去。

第十四章 ※ 归期有期　告别不及

鲁迅先生坐在躺椅上，沉静的，不动的阖着眼睛，略微灰了的脸色被炉里的火光染红了一点。纸烟听子蹲在书桌上，盖着盖子，茶杯也蹲在桌子上。

所有的这些记忆，都已经成为过去，不能重现，只能回望，但回望起来又叫人心痛不已。

萧红回到上海后，还没有走出痛失恩师的愁苦，新的烦心事便又找上门来。原来，萧红在日本期间，自己日夜牵挂的爱人却在做着背叛自己的事，更让人难以忍受的是，萧军出轨的对象竟然是自己在日本时唯一的密友许粤华。

因为黄源的关系，许粤华在回国后就经常与萧军有来往。鲁迅去世期间，几个人忙着为先生治丧，见面、交流的次数就更多了，在这频繁的接触中，萧军和许粤华就慢慢产生了感情。

萧军和许粤华的相恋无疑给双方和双方的家人都带来了巨大的痛苦，为了能够恢复理智，早日结束这段不该产生的恋情，萧军才在给萧红的信中一次次催促她回国。

有一天，萧红去黄源家，正好遇见萧军和黄源夫妇在说话，只是她一进来，他们就都不再说话了。萧红心中疑惑，但也并没有多想，甚至还颇有兴致地提议到公园走走，看到许粤华衣着单薄地躺着，她还想着拿件大衣给她盖上，这时候黄源却说了一句："请你不要管。"

萧红感觉到这怪异的气氛，却仍然十分不解，直到萧许二人向她坦白了事情的经过，她才知道原来在自己对爱人牵肠挂肚的时候，对方却在与别人情意绵绵；原来她一直以为的所谓分开一段时间就能挽回爱人，无非就是一剂毫无意义的心灵安慰罢了。

萧军和许粤华知道这件事错误的是他们两人，因为不想再继续伤害更多的人，便自认为无比伟大、无比理智地分开了。

这段"无结果的恋爱"对于二萧的关系来说，并没有起到什么回暖的作用。破镜重圆很难，想要弥合人心上已经撕裂的口子，更难。

萧军一时间对许粤华难以忘怀，经常陷入"失恋"的痛苦中去，以至于根本难以顾及到萧红的感受。而萧红作为情感中那个被动的受害者，只能一个人隐忍着舔舐伤口，一旦流露出过于悲伤的情绪，可能还会被对方斥为矫情。

就这样，两人在生活上也越发地不和睦。

某次，二萧与胡风夫妇一同到共同的好友家做客，胡风夫妇带着他们两岁多的儿子。萧红见到小男孩特别喜欢，就叫萧军去给孩子买个小玩意儿回来玩，萧军不太情愿，但还是去了。

过了一会儿，萧军回来了，手上提着用绳子穿着的几个列巴圈。

"列巴，列巴圈，好不好？你看叔叔给你买面包回来了。"萧军拿着列巴圈逗弄孩子，因为他声音太大，小孩被吓得扑向梅志怀里。

萧红对萧军敷衍了事的态度很不满意地说："嘿，叫你买玩意儿，你给买几个列巴圈？"

萧军受不了萧红在众人面前指责他，瞪着眼睛眼看要发火的样子，梅志看了只好赶快打圆场说："这就顶好，又能吃又能玩嘛。"这样事情才算过去了。然而萧红想给孩子买个玩具的愿望到底还是没有实现。

两人日渐深刻的矛盾有时候甚至会发展到大打出手的地步。

有一次，日本进步作家鹿地亘来上海游历，因为非常崇拜鲁迅先生，专门约许广平见面，并邀请了胡风夫妇、萧军、萧红等一些上海比较有名的作家。萧红一到场就引起了大家的注意：她的左眼青紫了一大块。大家便纷纷问她出了什么事，是不是碰伤了，有没有伤到眼球之类的问题。萧红故作平静，吞吞吐吐地回答说："没什么，自己不好，碰到了硬东西上，是黑夜看不见，没关系……"

直到宴会结束，送走了客人，大家一起走在马路上时，又问起了这件事，正嘱咐萧红以后要多加小心时，萧军却在一旁满不在乎甚至略带炫耀地说："干吗要替我隐瞒，是我打的……"

此时萧红仍在为萧军辩护："别听他的，不是他故意打的，他喝醉了酒，我在劝他，他一举手把我一推，就打到眼睛上了。他喝多了酒要发病的。"

萧军对萧红的解释却是一点都不领情，仍然在一旁叫嚣着："不要为我辩护……我喝我的酒……"

萧红一边承受着暴力，一边还在为施暴者开脱。她既是出于对他的爱，也想在人前给自己留下最后的一点尊严，只是她努力想要营造的幸福假象，被萧军两句话便轻而易举地拆穿了。

在这样没完没了的矛盾里，萧红越发喘不过气来。有一次，萧红在报纸上看到萨坡赛路附近有一个私立画院在招生，就打电话过去问："你们那里也有寄宿学生吗？还有床位吗？"在得到肯定的答复后，她还特地到画院去看了看，一个犹太画家热情地告诉她，随时可以报名。当时萧红还在犹豫，并没有直接报名。晚上回到家，萧红躺在床上翻来覆去睡不着，却听见萧军和朋友在客厅里议论她："她的散文有什么好呢？""结构却也不坚实。"萧红听到后被彻底触怒了,便在午夜时分,萧军和朋友们都睡着的时候,收拾好衣物,拿出提箱里一半的钱(其实只有六元),悄悄地出走了。

萧军第二天醒来发现萧红不见了,开始四处寻找,因为萧红先前去画院那次,两人在路上遇见过,他大致猜出了萧红的去向,就和胡风一起在画院的楼上找到了她。

画院院长见到萧军后对萧红说:"你原来有丈夫啊!那么你丈夫不允许,我们是不收的。"

就这样,再一次地,萧红的出走以失败告终。

然而,这样长久的不合让萧红既无心生活,也无心写作。从画院回来后,她还是无法继续忍受生活的低气压,于是打算去北平走走,散散心,见见老朋友,这次萧军同意了。

萧军心里十分清楚,萧红所谓的去北平散心,其实只不过是再一次的出走,与她去日本、去学画无异,他的内心也存在着几分愧意和不舍,以至于在送走萧红后,他在日记中写道:

她走了!送她回来,我看着那空旷的床,我要哭,但是没有泪,我知道,世界上只有她才是真正爱我的人。但是她走了!……

只是,他的这所谓真挚的情感,远不及萧红的万分之一,而他这悲怆的情绪,竟还有一半来自于失恋的苦闷——即便与许粤华分开了,他仍在很长一段时间里对她念念不忘。

四月二十三日夜里,萧红离开上海前往北平。到北平后,住在王府井南口的一家旅馆里。她先找到了当年的好友李荆山,在李荆山的帮助下找到了李洁吾的家。

李洁吾已经在北平结婚生子,过着安稳平淡的生活,对于萧红的突然到访,他多少有些不敢相信。

那天,李洁吾一家刚刚吃过晚饭,妻子在厨房忙碌着,李洁吾抱着孩子在院子里玩耍,这时候听到"啪啪"的敲门声,他开门一看,是一位穿着黑色大衣的青年妇女,身后还站着朋友李荆山。五年不见,李洁吾一时间没有认出萧红。

反倒是萧红紧紧握住李洁吾的手说:"洁吾!还认识吗?找到你可真不易啊!"这时候他才反应过来,惊呼着:"啊!廼莹,是你!你从哪来呀?"

第二天中午,萧红应邀到李洁吾家吃午饭。饭桌上,她把一九三一年从北平回到东北后被软禁,出逃,困居旅馆,与萧军的相识相恋,从事写作,辗转青岛、上海、日本以及得到鲁迅先生扶持的事情统统讲了一遍。

李洁吾听到鲁迅先生的事情很有感悟,便感叹道:"鲁迅先生真像慈父一般。"

这时萧红却立即纠正道:"不对!应当说像祖父一样。"

后来李洁吾问起萧军的为人,萧红不无委屈地答道:"他为人是很好的,我也很尊敬他,很爱他。只是他当过兵,脾气太暴躁,有时真受不了。"

在北平的时候,萧红与萧军仍有书信往来,只是信中再没有往日的嘘寒问暖,而是大量的对于情感的剖白,字里行间都是明显的痛苦和疏离。

她在五月四日写给萧军的信中写道：

这几天我又恢复了夜里害怕的毛病，并且在梦中常常生起死的那个观念。

痛苦的人生啊！服毒的人生啊！

我常常怀疑自己或者我怕是忍耐不住了吧？我的神经或者比丝线还细了吧？

我是多么替自己避免着这种想头，但还有比正在经验着的还更真切的吗？我现在就正在经验着。

我哭，我也是不能哭。不允许我哭，失掉了哭的自由了。我不知为什么把自己弄得这样，连精神都给自己上了枷锁了。

这回的心情还不比去日本的心情，什么能救了我呀！上帝！什么能救救我呀！我一定要用那只曾经把我建设起来的那只手把自己来打碎吗？

面对萧红的痛苦倾诉，萧军的反应十分冷淡，不但没有真诚的歉意，反而还将自己出轨的行为美化成文艺工作者的宝贵贡献。

我现在的感情虽然很不好，但是我们正应该珍惜它们，这是给与我们从事艺术的人很宝贵的贡献。从这里我们会理解人类心理变化真正的过程！我希望你也要在这时机好好分析它，承受它，获得它的给予，或是把它们逐日逐时地记录下来。这是有用的。

第十四章　❋　归期有期　告别不及

萧红也渐渐明白了自己所爱之人的浪荡和自私，她似乎也放弃了对他的期望，无意再与一个无法叫醒的装睡者辩论，只是在回复中淡淡地说："你来的信也都接到的，最后这回规劝的信也接到的。我很赞成，你说的是道理，我应该去照做。"

随后便不再与萧军通信，而是努力将自己从这情感的牢笼中挣脱出来，重新回到生活里去。

随着频繁的来往，李洁吾的妻子也对萧红越来越有好感，两人很快就成了无话不谈的好友，于是他们便提议萧红搬到李洁吾家住，既方便往来，还省了一笔住宿费。

当时正好舒群也在北平，听说萧红来了，便立刻高兴地去找她。几个好友相聚在一起，一起游北海，爬长城，到中山公园散步，有时候还会到电影院看电影，或者到戏院看戏，日子仿佛回到了无忧无虑的学生时代。

但是这样的日子并没有持续多久，五月中旬，萧军不断来信催促萧红回沪，说自己连日头痛，可能是旧疾复发。萧红心中牵挂，在北平度过了近一个月的安闲时光后，不得不准备回上海去。李洁吾夫妇想留她再住一段时间，萧红也只能无奈拒绝："不行啊！萧军近来身体不好，脾气也暴躁，时常夜里睡不好觉，做乱梦和人打架！一次竟一拳打在我脸上，好长时间脸都青的呢！"

萧红临行前，将自己用红笔修改过的《生死场》手稿送给了舒群，以纪念青岛的那段时光，还和朋友们约定秋天的时候和萧军一起来访。然而秋天来了，她却没能赴约，此次的离开，也成了与友人们生命中的永别。

第十五章

三人成行　枝节横生

❀　❀　❀

……我的心就像被浸在毒汁里那么黑暗，浸得久了，或者我的心会被淹死的。我知道这是不对，我时时在批判着自己，但这是情感，我批判不了。我知道炎暑是并不长久的，过了炎暑大概就可以来了秋凉。但明明是知道，明明又做不到。正在口渴的那一刻，觉得口渴那个真理，就是世界上顶高的真理。

——《致萧军》

❋ ❋ ❋

萧红再次回到上海时,等着她的不是温暖的家,也没有亲近的家人,有的只是一团乱麻般的生活。为了减少烦闷的情绪,萧红不得不为自己找些事做。让自己忙碌起来,就不会再去想那些想了也是徒劳的问题,于是她开始参与到《鲁迅先生纪念集》的资料搜集和整理工作中去了。

与此同时,萧红创作的短篇小说《牛车上》《红的果园》《王四的故事》《孤独的生活》和散文《永远的憧憬和追求》被收录到短篇作品集《牛车上》出版。

六月,萧红接到哈尔滨时期的好友金剑啸已于一年前被日本特务逮捕并残害牺牲的消息,她感到万分悲痛,为他写下了悼亡诗《一粒土泥》,她在诗中写道:

你的尸骨已经干败了!
我们的心上,
你还活活地走着跳着,
你的尸骨也许不存在了!
我们的心上,
你还活活地说着笑着。

好友的牺牲让他们感觉到危险的气息,大家都明白,战争就要来了。

一九三七年七月七日,"卢沟桥事变"爆发,抗日战争的号角在全中国响起,上海的局势也越来越动荡。在民族危亡面前,二萧暂时将情感的问题搁置在一边,专心投入到抗日救亡活动中。

当时,旅居上海的左翼日本人瞬间成为众矢之的。而一向与二萧关系很好的日本左翼作家鹿地亘和池田幸子夫妇,在日本时就曾因为亲华而被捕过。此时在中国,他们的地位十分尴尬,在日本人眼中,他们是反动的左翼人士,而在中国人面前,他们的日本人身份又是被格外仇视的,甚至一度被当作日本间谍看待。

鹿地亘夫妇一时间陷入进退两难的境地,他们当时又在忙于翻译《大鲁迅全集》,原本的居所已经不安全,不得已只能搬到鲁迅先生家。然而没过多久,就有谣言说鲁迅家已经成为容留了二三十个日本人的间谍机构,许广平不得已只能将鹿地亘夫妇送到旅社暂时落脚。此时鹿地亘夫妇周围已经被布置了无数双耳目,巡捕房的人在门口偷听都成了家常便饭,他们几乎是被困在旅馆里寸步难行。

没有中国友人敢去与他们接触,没了经济来源,眼看连饮食都要被断了,这时候萧红和萧军站了出来,成了鹿地亘夫妇唯一的座上宾。尤其是萧红,更是三天两头地去看望他们,给他们带去食物、生活用品,帮他们传递消息,才算是帮助他们渡过了难关。

"八一三事变"爆发后,上海大量的左翼文艺刊物被迫停刊,于是胡风牵头决定将《中流》《文学》《文丛》《译文》杂志合并成一本,并策划发行新刊《呐喊》,他召集来艾青、萧红、萧军、

第十五章 ※ 三人成行 枝节横生

聂绀弩、田汉、端木蕻良等左翼作家在家中举行了关于新刊物的第一次讨论。

讨论的首要问题就是确定新刊的名字，胡风提议新刊物的名字叫《战火文艺》，萧红觉得这个名字太直白，缺乏艺术性，便提议说："这个名字太一般了。现在正'七七事变'，为什么不叫《七月》呢？用'七月'做抗战文艺活动的开始多好啊！"正好"战火文艺"这个名字在送审时被驳回了，大家也都很喜欢"七月"这个名字，于是新的刊物就被命名为《七月》，发行人用的是革命人士熊子民的名字。

在这次讨论会上，萧红第一次见到端木蕻良，对这个沉默寡言的年轻作家很感兴趣，便问道："我们怎么没听到老胡说起过你呢？要不我们早该认识了。"

端木笑了笑，并没有说什么，只是接过萧红递过来的茶。其实当时端木早就听说过二萧他们的，但与他们并不互相认识，虽然有机会交往，但他没有主动走近他们的圈子。当时端木正创作长篇小说《大地的海》，他认为要是与文艺界关系过于密切，可能会因为过多的交际应酬影响创作进程。

为此萧红还埋怨胡风说："唉，胡风，你也太不对了，你认识端木，为什么不跟我们说你认识端木呢？"胡风没说什么，萧红便有些怀疑胡风这么做的动机，接着说道："噢，你是单线领导，你是为了讨稿子到那儿去，为了讨稿子到我们那儿。"几句话把胡风弄得很是灰头土脸。

但大家仅仅把这件事当作玩笑，并没有人打算深究下去。《七月》创刊的事情仍在继续顺利地进行着。

这次会谈促成了二萧与端木的相识，但其实这并不是端木蕻良第一次见到萧红——在此之前，端木曾经远远地见过萧红一次。那时候端木刚到上海不久，二萧在上海文坛已经是很出名的作家。某天端木在一个法国公园散步，看到四个与自己年龄相仿的人走在前面，其中有一个穿着红衣服的瘦弱女性令他印象很深刻，当时看着几个人的外貌特征，端木隐约觉得那个红衣女子可能就是萧红，另外三个他猜测就是萧军、黄源和当时《作家》杂志的编辑孟十还。

后来，端木在与萧红闲谈时提起这件事，也从她口中得到了证实，因为当时萧红他们就住在那个公园对面。

端木蕻良，原名曹京平，一九一二年九月二十五日生于辽宁省昌图县的一个地主家庭，是家里的小儿子。一九三二年，端木蕻良考入清华大学历史系，同年加入"左联"，并发表小说处女作《母亲》。一九三三年开始创作长篇小说《科尔沁草原》，并于一九三五年完稿。《科尔沁草原》的发表让端木在文艺界受到了一定程度的关注。

一九三五年底，端木蕻良怀揣着对文学的热忱来到上海。初到上海时，端木像二萧一样，对上海的文坛状况不甚了解，很多事情都是想当然就决定了。当他创作完成《大地的海》时，就直接将稿子寄到了《作家》杂志社，他天真地认为，既然《作家》杂志是当时鲁迅先生重点扶持的文学刊物，自己的稿子就一定能被送到鲁迅先生的手上。大概是对自己的作品过于自信，他在稿件中既没有提及主编孟十还，也没有提及鲁迅先生。为了确定杂志编辑是否看过稿件，端木还特地把中间的一页稿子倒过来，然而没过多久，稿件就被退回了，中间倒着放的那页稿子也原封未动。

端木对此非常气愤，立刻给鲁迅写了封信告知这件事，鲁迅很快就给了回复："你再有稿拿来给我，但是给我，他们也不一定就肯登。你就寄给我吧。"后来，在鲁迅的帮助下，端木开始陆续在各大刊物上发表作品，知名度也越来越高。然而最令端木蕻良遗憾的事情莫过于，他因为对孟十还不满，在一次孟来找他的时候从后门溜走了，从而错过了和鲁迅见面的机会。

在胡风的组织下，新刊《七月》的座谈会又先后召开了几次。二萧与端木的接触也渐渐多了起来，因为端木到上海比他们晚，年龄也比他们小，所以他们对端木十分照顾。

随着上海的形势越来越差，胡风提议他们这些《七月》的主创人员撤退到武汉，并且告诉大家他在武汉的朋友熊子民愿意出资帮他们发行新刊，大家愉快地赞成了这个提议。

九月末，胡风携家人先行撤离，二萧随后也动身前往武汉。

到达武汉后，胡风夫妇首先在武昌小朝街的熊子民家落脚，二萧则住进了位于武昌水陆前街小金龙巷二十一号的蒋锡金家中。

端木比大家动身都要晚一些，他先乘火车到浙江，在路过镇江时伤到了脚，引得风湿也复发了，一路上行动不便，耽搁了行程。于是他写信给武汉方面，让他们不必专门等自己，二萧、胡风知道端木的情况还都写信鼓励他。

端木到达武汉后，他在武汉的亲属已经帮他安排好住处了，但他急于见到《七月》的朋友们，就先直奔小金龙巷找蒋锡金和二萧见面。二萧见到端木也很高兴，建议他直接在此处住下，互相有个照应，还方便讨论文学上的问题。端木欣然答应了，便在二萧隔壁的房间住了下来。而就在端木住进这里的第一天晚上，萧军为了表示欢迎，邀请端木与他们一起过夜，萧红睡在里面，萧军睡在中间，端木睡在外面。

当时二萧在青岛时的好友张梅林也在武汉，几人经常见面。有一次，梅林在二萧家中看到一位"长头发，脸色苍白，背微驼，声音嘶哑，穿着一件时下流行的一字肩西服"的男人走进来，他从细瘦的手上脱下一副棕色的鹿皮手套，笑着问萧红："我的手套还不错吧？"

萧红接过手套戴在自己手上大声笑道："端木的手真细呀！他的手套我戴着正合适哩！"萧军也跟着笑了起来。

这时候梅林才知道，原来这人就是端木蕻良。他看到挂在二萧房间上的木牌上写着三个人的名字，心中多少有些疑虑，只是从没有表露出来。

武汉的生活要比上海稳定许多，萧红在这段比较安宁的时间里身体结实了很多，心情也舒畅了很多。十月下旬，她开始着手创作长篇小说《呼兰河传》。

与此同时，《七月》正式创刊，新刊一经推出，效果非同凡响，第一期发行的那个上午，就在其总代理生活书店卖出了四百多本。

《七月》的成功给大家带来了很大的鼓舞，为了保持创作的热情，主创们经常聚在一起。端木因为很欣赏萧红的才华，所以

第十五章 ※ 三人成行　枝节横生

即使是众人在一起的时候，也爱多和萧红说几句。

作为《七月》杂志的同仁，又是住在一起的邻居，端木与二萧几乎是形影不离。他们几人经常结伴到胡风家聚会，萧军和端木两人一个自比托尔斯泰，一个自诩巴尔扎克，经常会因为一些意见不合大声争论，每到这个时候，萧红就会不耐烦地躲到一边，远离他们的无聊话题。有时候萧红因为生活上的事和萧军争吵，端木就会站出来，以义士自居维护萧红。

十二月的一天，三个陌生男子突然闯进二萧家中，以他们没报户口为由要把萧军带走，萧军极力反抗，但最终还是被带走了。萧红立刻跑到胡风家求助，对胡风说："有三个流氓样的人，跑来逼着萧军要跟他们走，还要我们都到警察局去！"

胡风向房东老金打听过才知道，原来是湖北省国民党部特务组的人干的。了解了情况，胡风立即去找曾经有过交往的某处长，对方答应调查、交涉。好在当时组里的一名特派员曾经是胡风的学生，没多久，萧军就被放出来了。为了感谢胡风，萧红亲手刻了一方写着胡风名字的小图章送给他。

被捕风波之后，二萧觉得小金龙巷似乎已经不太安全，就决定搬去冯乃超位于武昌紫阳湖畔的寓所，留端木独自住在这里。

临行前，萧红还对端木开玩笑说："我们走了，没人给你做饭吃了，看你怎么办。"端木笑着答道："我有煤气炉，下面条吃还是可以的，饿不死。"萧红本来还想多说几句，但是萧军催促她快走，她打了端木一下就转身跑出去了。

萧军和萧红虽然搬走了，但也经常来看望端木，有时是两人一起来，但更多时候是萧红独自一人来。

一次，萧红又来看端木，看到端木一个人生活的屋子有些脏乱差，嘴上开始笑话他，却顺手就帮他把房间整理了；见到端木的书桌上有毛笔、墨盒和纸，就像见了什么稀罕的东西一样，高兴地把纸铺在桌子上又写又画。端木这才知道萧红是学过画画的。因为端木小时也学过画，就很自然地谈到一些对画的看法。谈得晚了，萧红就提议两人一起出去吃饭，端木正赶写一篇稿子，想到萧红离开前那日开的玩笑，端木便说不如在家吃，顺便要萧红尝一尝他下面条的手艺。

萧红很难得有兴致，继续劝他说："今晚月亮这么好，还是出去吃吧，我请客。"

端木看了看窗外，月色确实不错，就答应萧红一起出来了。两人挑了一处江边的小馆子，坐在靠窗边的桌子，要了两个菜和一些零食，边吃边聊边赏月，从手头的创作谈到各自的理想。

萧红从小到大，很难遇见真正愿意倾听自己诉说的人，所以在这个温文尔雅的男人面前，她明显地感觉到自己不需要设防，不需要像在萧军面前那样把自己装扮成他喜欢的样子。在这张饭桌上，没有权力的压迫，她感觉到从未有过的平等，这种感觉就像这晚上的月色一样令人无比舒适。

她告诉端木自己早就厌倦了颠沛流离的生活，只想能有个安静的环境写东西，最大的愿望就是当个好作家。端木则表明自己一直都想当战地记者，只要有机会，他就会走这条路。

在愉快的畅谈中，这顿饭吃了足足两个小时。两人回来时路

第十五章 ※ 三人成行 枝节横生

过一座小桥，萧红就拉着端木在桥上看了会儿月亮。萧红倚着栏杆，望着头顶的明月，心中埋藏了许久的哀伤似乎又被唤起了，从来不作古体诗的她，竟然轻声念出"桥头载明月，同观桥下水"两句诗来。接着，她便呆呆地望着这月色，一言不发了。

端木害怕这样的情景引起萧红更多的伤怀来，提醒道："不早了，咱们回去吧。"萧红说："好吧！"便挽着端木的胳膊往回走，走到小金龙巷口，萧红说了声"再见"便转身回去了。

此后萧红仍然经常到端木家去，有时候帮他整理整理房间，聊聊天，有时候在他的桌上写写画画。端木从不觉得自己和萧红走得太近，只觉得和她在一起的时间总是很愉快的。

有一次，端木出去办事回来，看到桌上铺着纸，他知道是萧红来过了，他拿过纸看了看，在一行行书、草书中间，有几句很显眼的诗，端木仔细一看，是张籍的《节妇吟》："君知妾有夫，赠妾双明珠。感君明珠双泪垂，恨不相逢未嫁时。"而最后一句"恨不相逢未嫁时"反反复复写了好几遍。

这样的诗句意味很明显，那一遍遍重复的"恨不相逢未嫁时"已经出卖了萧红复杂的心绪，她其实早就发现，端木带给自己在从前不论是家庭中还是恋爱中都没有感受过的尊重。在端木面前，她不是被摆布的木偶，她不必听从别人为自己所做的决定，她是飞离了牢笼的鸟，尽管这自由是短暂的，这牢笼还在身后向她敞开着门，但是那份永远离开牢笼的愿望却已经在不知不觉间在她心里慢慢发芽了。

后来有一次，萧红和端木一起谈论一幅西洋名画，画的内容是一个贵妇人在罗马废墟上会见她的情人。萧红还向端木提起鲁迅常拿起一幅小画来，画的是大风中一个女人披散头发向前走。端木没见过这幅画，也没有从别的什么地方听人提起过，只觉得萧红的话有些颠三倒四，莫名其妙。但之前一次次的暗示他不可能完全不明白，只是，端木的性格太过于软弱，作为一个同样出身于富贵之家，又完全没有吃过什么苦头的年轻人，在这样复杂的问题面前，他只好逃避。他只是被动地观望着事态的发展，完全不想当这段关系的主宰者，这样的态度与萧军截然相反。

相比萧红，端木对萧军的看法并不太好，他觉得萧军虽然是个作家，气质上却更像个山野莽夫，没有一点文人气，反倒是经常粗鄙不堪。他觉得萧红的见解、情感和他很接近，因而和萧军的关系也就越来越疏远。

在某次聚会上，萧军提出了一个问题：什么样的文学最伟大？

大家闲聊了一阵，也没说出个确切的结论，这时候萧军忽然说道："在文学作品中，长篇小说最伟大，中篇次之，短篇又次之；剧本要演出来看，不能算，至于诗呢，那最不足道了！"他接着联系到在座的人，举例说他自己写长篇小说，最伟大；恰好端木的长篇《大地的海》在江上被炸掉了，所以要写出来再看；萧红也要写长篇，但依他看，没有写长篇的气魄；蒋锡金是写诗的，他像个什么呢？说着他翘起了个小指头，故意往锡金脸上晃了晃说："你是这个！"

蒋锡金懂得萧军是在开玩笑，没理会他。但是萧红和端木都觉得萧军太不尊重人，便和他认真地争论起来。萧红反应特别激烈，用许多理由驳斥他，也说了些挖苦的话。端木蕻良不搭他的话，却绕着弯子表示萧红的作品是有气魄的，只不过那气魄还没有充分显现出来罢了。蒋锡金有时也搭上几句，说他胡言乱语。抬杠抬得厉害，后来竟有点像吵架了。

几人吵得正凶时胡风来了，他问大家吵什么，问明白之后笑着说："有意思，你们说的都有合理的地方，不妨写出来，《七月》下一期可以出一个特辑，让读者参加讨论。刊物要发稿了，你们赶快写出来，三天后我来取。"

三天后胡风果然来取稿了，但是大家都没当回事，谁也没有写，只有萧军交卷了。胡风坐在蒋锡金的床上翻阅萧军的稿子，边看边点头，说："对呀，对呀！"大家感到惊讶，问："怎么能说对呢？"

胡风于是开始念稿子，萧红一听生气地吼道："你好啊，真不要脸，把我们反驳你的话都写成你的意见了！"一激动竟然直接哭了出来。

萧军非但没有认错赔不是，反而责怪起萧红来："你怎么骂人？再骂我揍你！"

萧红仍旧哭着，握拳狠狠捶萧军的背，萧军弯腰笑着让她捶，说："你们要打就打几下，我不还手，我还手你们可受不了！"

还有一次，萧军在端木面前提起他在哈尔滨当过宪兵，还特地强调宪兵队的徽章是粉色的，因为那宪兵队叫烟粉队，是专门查妓院的。看到他不以为耻，反以此为荣的样子，端木当时只觉得他很庸俗，尽管他从那种环境跳了出来，并且写了一些好作品，但他身上那种庸俗的自高自大的神态着实令人反感。

萧军虽然是个粗枝大叶的人，但他对三人之间微妙的变化也不是没有察觉，但作为一个个性强势的男人，他不愿意当面挑明这样令人尴尬的问题，于是也就像萧红那样"以诗传情"。他在端木的房间里，提起毛笔在毛边纸、报纸上挥挥洒洒地装作练字，一边写一边还念出声来："瓜前不纳履，李下不整冠。叔嫂不亲授，君子防未然。"临了，还写了"人未婚宦，情欲失半"八个大字。

萧红看见了便笑道："你写的啥呀？你的字太不美了，没一点文人气！"一提到"文人气"萧军就更生气了，因为这正是端木具备而他却没有的，于是他瞪了萧红一眼吼道："我并不觉得文人气有什么好！"

端木对萧军的暗示并没有做出回应，三人正僵持的时候，胡风叫他们去讨论杂志的事情，这件事也就没了下文。但萧红走到外屋，却挤在端木旁边坐下，萧军靠在门口，歪着脑袋看着他们。

萧军的反应对萧红来说，更像是自己在这场于两人间的战争中取得阶段性胜利的标志，萧红终于感觉到自己在这个自大的男人心中是有分量的，哪怕对方只是出于男性强势的占有欲，是出于领土被进犯的愤怒。

但同时萧红心里又是挣扎的，和端木相处的时间总是轻松愉快的，这种轻松愉快就像一剂麻药一样，总能让人短暂地忘记一切忧虑，但药效的时限太短，药劲儿一过，就是早在那里等待着的千百倍的痛苦。

此外，端木沉郁内向的性格使得萧红对他的态度捉摸不透，和端木这种短暂的相处并不能让她就此确定对方的心意，她甚至连自己的心意也无法确定。更重要的是，她与萧军毕竟不同，作为女性，她必须坚守对爱情和婚姻的忠贞。萧军曾带给她的影响太大了，对萧红而言，他就像空气和水一样无处不在，自然而然地存在于她的人生里，她习惯他、依赖他，更难以割舍他。

然而窗外的战火正一步步逼近，武汉也开始岌岌可危，天空中开始经常性地出现敌军的轰炸机。数月前从四面八方涌过来的难民，又开始朝着四面八方涌出城去寻找新的庇护所。这人心惶惶的局势让萧红暂时没有心思去想这些儿女情长的事情了。

一九三七年十一至十二月间，日军先后占领昆山、苏州、无锡、金檀等地，十二月十三日，日军占领南京，南京国民政府开始向武汉、重庆撤退。

一九三七年年底，阎锡山在山西临汾创办了山西民族革命大学，他本人担任校长，李公朴担任副校长。一九三八年一月，李公朴率学校教职人员从山西来到武汉，希望能从武汉聘请一批有识之士到临汾任教。随李公朴一起来的还有端木的好友臧运远，臧运远邀请端木到革命大学教书，端木就把这个提议向大家说了，考虑到当时临汾尚未失守，抗日氛围很浓厚，去当地任教，既能得到一份收入稳定的工作，又能有一个相对安静的创作环境，于是大家欣然接受了这个提议。

一九三八年一月中旬，在胡风的组织下，《七月》杂志主创们召开了以"抗战以后的文艺活动动态和展望"为主题的座谈会，这也是他们离开武汉之前的最后一次重要会议。萧红在会上发表了自己关于如何在生活中取材的见解：

> 我看，我们并没有和生活隔离。譬如躲警报，这也就是战时生活，不过我们抓不到罢了。即使我们上前线去，被日本兵打死了，如果抓不住，也就写不出来……譬如我们房东的姨娘，听见警报响，就骇得打抖，担心她的儿子，这不就是战时生活的现象吗？

关于从生活中取材的问题，艾青提到自己在监狱里的生活本来只是一些零散的碎片，但过了许久之后，就溶成了系统的东西。对此，萧红也有自己的理解。

> 是的，这是因为给了你思索的时间。如像雷马克，打了仗，回到了家乡以后，朋友没有了，职业没有了，寂寞孤独了起来，于是回忆到从前的生活，《西线无战事》也就写成了。

一九三八年一月二十七日，二萧同端木蕻良、聂绀弩、艾青、田间离开武汉，前往山西临汾民族革命大学，胡风留在武汉继续负责《七月》的发行事宜。

第十六章

一场相识　两种人生

❋　❋　❋

　　你知道吗？我是个女性。女性的天空是低的，羽翼是稀薄的，而身边的累赘又是笨重的！而且多么讨厌啊，女性有着过多的自我牺牲精神。这不是勇敢，倒是怯懦，是在长期的、无助的牺牲状态中养成的自甘牺牲的惰性。我知道，可是我还是免不了想：我算什么呢？屈辱算什么呢？灾难算什么呢？甚至死亡算什么呢？我不明白，我究竟是一个人还是两个；是这样想的是我呢？还是那样想的是。不错，我要飞，但同时觉得……我会掉下来。

——萧红与聂绀弩的一次对话

❋　❋　❋

　　一九三八年二月，萧红一行人抵达山西临汾。到达临汾之后，大家才发现，原来这所大学没有正规的校舍，只有一块牌匾罢了，确切地说，整个临汾县城都是大学的校舍。来这里任教的老师和就读的学生都是分散住在当地的老乡家。

　　不久之后，丁玲带领西北战地服务团，从潼关到达临汾，与民族革命大学的教职人员见面，萧红终于得以结识这位文坛上的传奇女子——丁玲。

　　当年鲁迅先生在读过萧红的作品之后，曾经对萧红发表过一句广为流传的高度评价："萧红是当今中国最有前途的女作家，很可能成为丁玲的后继者，而且她接替丁玲的时间，要比丁玲接替冰心的时间早得多。"可见丁玲在文坛上的地位之高，影响之广。

　　丁玲到达临汾后，正好与萧红住同屋，两人几乎是一见如故，成为挚友。此时丁玲三十四岁，萧红二十七岁。

　　和很多见过萧红的人一样，丁玲对萧红的第一印象十分深刻。

　　　　萧红和我认识的时候，是在一九三八年春初。那时山西还很冷，很久生活在军旅之中，习惯于粗犷的我，骤睹着她的苍白的脸，紧紧闭着的嘴唇，敏捷的动作和神经质的笑声，是我觉得很特别，而唤起许多回忆，但她的说话是很自然而率真的。我很奇怪作为一个作家的她，为什么会那样少于世故，大概女人都容易保有纯洁和幻想，或者也就同时显得有些稚嫩和软弱的缘故吧。但我们却很亲切，彼此并不感觉到有什么孤僻的性格。

丁玲和萧红在文学上的天赋和成就在当时的中国文坛上都是首屈一指的，而且她们极高的文学天赋似乎又与同样坎坷的命运相关。在与萧红相遇之前，比她年长七岁的丁玲已经经历并正在继续着她极为跌宕起伏的生活。

身为女作家，她们的经历有着很多的相似之处，然而结局却又大不相同，与其说一切是命运使然，不如说是性格决定命运。

丁玲原名蒋伟，一九零四年十月十二日生于湖南临澧的一个地主家庭。蒋家祖上三代都是官宦出身，其父蒋保黔也中过秀才，并且在维新运动时期前往日本学习法律，回国后为了拥护维新运动，还曾给妻子放足。然而不幸的是在丁玲三岁时，蒋保黔就因病去世了。

蒋保黔去世后，留下年仅三岁的女儿丁玲和怀着遗腹子的妻子余曼贞，而蒋家人并没有因为丁玲母亲生下了一个男孩儿而就此优待他们，而是在蒋保黔尸骨未寒的情况下就计划着将他们母子三人赶出家门。一年以后，余曼贞不得不带着一双儿女投奔娘家。

那时候，嫁出去的女儿就是泼出去的水，回到娘家的生活对丁玲母子三人来说，无异于寄人篱下。为了能够过上稍微独立一点的生活，余曼贞决定先到桃源的女子师范学校[1]学习，毕业后做

---

1 即湖南省公立第二女子师范学校。

女教员以抚养儿女。丁玲的三舅也是维新运动的拥护者,并且也到日本留学过,因此思想比较开放,欣然答应了妹妹的请求。

然而丁玲的舅母却并不同意这件事,为了不吃亏,她提出要让丁玲和自己的儿子定亲,才能资助她们母女读书。余曼贞不得已同意了,于是丁玲就成了自己亲舅舅家的童养媳。

丁玲长大一些后就和母亲余曼贞一起到女子师范学校学习,母亲读成人班,女儿读幼儿班,母女俩霎时间成了整个桃源县城的一道奇景。

一九一四年,余曼贞从学校毕业,到桃源县立女子小学担任教员,三口人的生活才算正式有了着落。也许是受到丈夫和哥哥的影响,余曼贞的思想一直都比同时代人开放超前,她不但让丁玲从小就进学校念书,还经常给她讲一些东西方国家女强人、女英雄的故事,教导她作为女孩也要自立自强。此外,她还会教丁玲看《论语》《古文观止》、唐诗、宋词之类的古代典籍,培养她的文学素养,在这样浓厚的文化环境的熏陶下成长起来的丁玲,想不成为才女都很难。

丁玲十三岁时,一家三口的生活稍微好了一些,可是弟弟蒋宗大却突然间患上了肺病,不久后就夭折了。丧子之痛给余曼贞带来了巨大的打击,而丁玲姨母的一番话却在丁玲幼小的心灵上留下了一根刺——她在安慰丁玲母亲的时候说:"怎么老天偏偏要带走宗大呢?把冰之带走也比这样好啊!""冰之"是丁玲长大之后给自己改的名字,当时姨母就当着丁玲的面若无其事地说出了这些话。

这些话深深地刺痛了丁玲的心,那是她第一次意识到,原来在大人眼中，女孩代替男孩去死都是理所应当的事，原来女孩活在世界上竟然是一件如此危险而随机的事情。自此之后，她时刻警醒自己，一定要事事做到最好，要拼尽全力让自己在这凉薄的人世间多停留一阵。

就在弟弟去世那年，丁玲以第一名的成绩考进了湖南省立第二女子师范学校预科，并因为积极参与各种学生运动而成为学校里的风云人物。一九一九年，"五四运动"的浪潮席卷全国，作为中学生的丁玲积极投身其中。那年萧红八岁，本该上小学，却仍在家里为刚去世的母亲守孝。

同年，丁玲转入长沙周南女中，与杨开慧成为同班同学，与向警予、蔡畅等人成为校友。在这所学校里，丁玲爱上了自己的老师陈启明，并因为陈启明被无故免职而抗议并退学，和杨开慧等人转学到长沙岳云男子中学。那时候男女同校上学在普通人眼里简直就是天方夜谭，而丁玲却把这不可能发生的事搬进了现实，并再一次成为舆论漩涡中的人物。

除此之外，和许多新潮的女学生一样，丁玲剪辫子，穿新式校服，参加示威游行，几乎每件前卫的事她都要做一遍，包括悔婚。尽管她小时候就与表哥订过婚，并且与表哥一起长大，但她从来都不认为自己必须要嫁给他。当时丁玲种种过激的举动在三舅和舅母眼中已经是非常大逆不道、有辱门风的，他们不止一次地训斥过她，然而每一次都换来丁玲愈加强烈的反击。终于有一次，在一次激烈的争吵之后，丁玲洋洋洒洒地写了一篇揭发并痛骂三舅的文章，而且还发表在了报纸上，这让她再次成为全县城关注的对象。也因为

第十六章 ※ 一场相识 两种人生

这件事，丁玲与三舅一家彻底决裂，与表哥的婚约也就此作废。

一九二二年，丁玲和好友王剑虹一起来到上海，就读于陈独秀创办的平民女子学校，并将名字改为丁玲。那年萧红十一岁，还在龙王庙小学读书。

由于没有经济来源，丁玲在上海的生活十分困窘，她一度想到工厂做女工。无计可施的情况下，丁玲和王剑虹在次年一起到南京寻求出路，在一筹莫展之际，她们结识了瞿秋白。不久后，王剑虹与瞿秋白相恋，在瞿的帮助下，她们再次回到上海，并进入上海大学中文系旁听，当时学校的教职人员有于右任、邓中夏、沈雁冰（茅盾）等。

一九二四年，王剑虹因肺病去世，这是丁玲第三次眼睁睁看着自己的至亲之人被肺病夺走生命，丁玲痛心不已，决定离开上海，前往北平。那年萧红十三岁，刚从龙王庙小学转入高小读书，对新鲜的生活充满着好奇和向往。

丁玲到北平的目的和萧红一样，就是继续读书深造，她本想进入北大学习，但并未成功，于是到一家私人画室做助手，途中还差点让人骗去法国。一九二五年，丁玲结识了《京报》副刊的编辑胡也频，两人很快相恋并同居。两人依靠着胡也频微薄的收入维持着清贫的生活。

一九二七年，在胡也频的鼓励和帮助下，丁玲的小说处女作《梦珂》问世，并发表于《小说月报》上，时任编辑的叶圣陶非常欣赏她的才华，鼓励她一定要继续创作。一九二八年二月，丁玲发表小说《莎菲女士的日记》。小说反映了"五四"浪潮中的新女性反叛、痛恨和蔑视一切，却又迷茫没有方向的现状。小说一经发表便如一声惊雷轰动文坛，更被称为中国的《包法利夫人》，丁玲从此确立了她在中国文坛上的地位。

丁玲在与胡也频生活在北平期间，结识了另一位青年作家冯雪峰，并且与冯雪峰互生好感。一九二八年，冯雪峰遭到通缉，逃亡到上海，与鲁迅熟识，后来成为"左联"的党团书记。当年年底，丁玲追随冯雪峰去往上海，随后胡也频也奔赴上海希望挽回丁玲。三人随后去往杭州，希望能在杭州理顺这段复杂的三角关系，在杭州度过了数日后，丁玲最终选择了胡也频，冯雪峰退出。

一九二九年，丁玲和胡也频前往济南生活了一年，后来由于胡也频也被通缉，两人再一次一起回到上海。不久，丁玲与胡也频的儿子降生。孩子出生三个月后，胡也频在去找沈从文借钱的路上遇到"左联"的好友柔石和冯铿，三人一同去东方旅社开会的时候不幸被捕。

丁玲为救胡也频出狱，四处奔走，然而最终还是没能营救成功。一九三一年二月七日，胡也频在监狱中被杀害，成为著名的"左联"五烈士之一。

胡也频去世后，丁玲悲愤异常，将幼子送回桃源老家交给母亲抚养，自己积极投身于创作和革命工作中。一九三二年，丁玲加入中国共产党，同时成为左翼刊物《北斗》的主编，并结识鲁迅先生，受到先生的鼎力支持。当时萧红二十一岁，被爱人抛弃，身怀六甲，困居旅馆，在生死边缘苦苦挣扎。

在此期间，丁玲在接受美国记者史沫特莱采访时，认识了当时给他们做翻译的冯达。冯达对丁玲很有好感，在冯达的猛烈攻势下，丁玲接受了他的追求，两人于一九三一年冬天结婚，一起度过了三年平静的生活。一九三三年五月十四日，冯达在中午返家时被特务跟踪，与丁玲两人一同被捕。

不久，上海《大美晚报》登载消息《丁玲女士失踪》，一时成为社会热点。当时上海各界人士纷纷想办法营救她，然而都未能成功，坊间一度流传丁玲已经遇害的消息，连鲁迅先生也觉得丁玲生还的希望不大了。在狱中，丁玲一度想要自杀，但被冯达救下了。一九三四年九月，大难不死的丁玲在监狱里生下了一个女婴。一九三六年九月，在"左联"的帮助下，丁玲从幽禁的南京苜蓿园逃出，从此与冯达永别。而冯达则在出狱后辗转去了台湾，最终在纽约定居。

丁玲出狱后混入张学良的东北军，随军前往陕北革命根据地。到达保安后，丁玲见到了毛泽东，当时她已经是知名度很高的女作家，而且个性开朗要强，并且还是毛泽东原配夫人杨开慧的同学，因而毛泽东对她极为欣赏，也照顾有加。后来许多人质疑她在被捕期间是否有过叛党行为的时候，毛泽东也再三表示了对她的信任。

丁玲到保安后不久，党中央立刻让她筹备成立了文艺协会，并由她出任主任一职，同时还让她担任《解放日报》副刊的主编。在成立文艺协会大会上，毛泽东、张闻天和博古都发表了讲话。

一九三七年，毛泽东主席还为她写了一首《临江仙》。

临江仙·给丁玲同志

壁上红旗飘落照，西风漫卷孤城。

保安人物一时新。

洞中开宴会，招待出牢人。

纤笔一枝谁与似？三千毛瑟精兵。

阵图开向陇山东。

昨天文小姐，今日武将军。

由此可见，丁玲在党组织里也占据着举足轻重的地位。

此后，丁玲出任西北战地服务团宣传委员。当时团里有一名股长名为陈明，比丁玲小十三岁，两人在服务团长久的相处中渐渐产生感情，并于一九四二年结婚。两人从此白头偕老，厮守终生。在中华人民共和国成立后的许多次阶级斗争中，陈明誓死不与她划清界限，一直默默守护着丁玲，直到二十世纪八十年代丁玲平反乃至去世。

和萧红比起来，丁玲的人生并没有多出一丝一毫的顺畅，同样地在坎坷和颠沛中度过自己最好的青春，同样在情感的漩涡中挣扎，同样在文坛一鸣惊人。然而，一个落得而立之年便香消玉殒，一个却能健康长寿地活到八十多岁。

这只是命运的偶然吗？

在丁玲八十多年的人生里，她踏足过枪林弹雨的战场，也经历过没有硝烟的角斗场；她在敌人的炮火中活了下来，也在身边人的口诛笔伐中熬了过来。每一次，在命运动手之前，她总是能先人一步做出选择，她总能果决地做出判断，也总能在危难之时展现壮士断腕的魄力；她一无所有时懂得韬光养晦，盛名之下也

第十六章 ※ 一场相识 两种人生

不惧四面而来的恶意。所以，她有足够的力量走过女性一生中的重重困境，更是用自己强大的人格魅力让每一个曾爱过她的男性对她忠心耿耿，甚至念念不忘。

丁玲虽然幼年丧父，又被家族扫地出门，但她一直是在母亲的庇护下长大的。正是因为母亲余曼贞没有那些"男尊女卑"的旧思想，才能让丁玲自少年时代起就有机会接触新鲜的知识和思想，在白眼和冷遇中养成了一颗足够强大的心脏。

即便小的时候她被人议论、嘲笑、奚落，但丁玲时刻明白，自己身后有母亲的支持，不管外面有什么样的暴风骤雨，只要她关起门，躲进母亲的怀抱里，那么她就能够得救。她受到的伤害仅仅来自于外界。是的，外界带来的伤害能总愈合得更快一些。在这样的成长环境下，丁玲才能始终自信地走下去，她的心脏是有力量的，她的灵魂是独立的。

相比之下，萧红幼年丧母，一直活在父亲和继母的打压下，在男性中心的思维中成长，尽管有祖父的庇佑，但毕竟祖父力量薄弱。因此她自小就习惯了受制于父权的压迫。与丁玲刚好相反，萧红心灵上的创伤来自于她的家庭，这种伤害是自内而外的，并且是持久的。

这种感觉，就像置身于冰天雪地中，想要找个能够取暖的地方，却发现唯一能够给予她温暖的家，才是人世间最寒冷的地方。一个年幼的女童，又能指望谁来拯救她呢？

萧红父母心中那些旧式的思想笼罩着她整个幼年时代，像一把带着铁锈的钉子，一点一点扎进她的心里。这股力量是持续不断的，直到这颗钉子刺穿心脏，并且永久地停留在她的心脏里，任由铁锈让本该愈合的伤口一次次地溃烂，终生不得安稳。

所以萧红一直想要得救，她得不到来自于至亲的关怀，就只能像个饥不择食的乞者一样，企图向每一个试图靠近她的人发出求救的信号。对陆哲舜是这样，对汪恩甲是这样，对萧军更是这样。在遇到这些男性的时候，她总是毫不犹豫地将自己的无助、依赖、信任毫无保留地交出来，以至于到最后只能任人拿捏，毫无半点儿主动权。

那时候，作为一个逃离家庭、身无长物的女性，她所能拿出来的唯一可以换取生存的东西就是自己的身体。确切地说，她在用消耗自身来换取存活下去的机会，每一次，都是杀敌一千，自损八百。而且，在真正地成名、衣食无忧之前，她都没有退路可走。

只可惜，在萧红短暂的一生里，她始终都没有等到那个可以真正治愈她的人。她也只能在故作幸福的姿态中不甘地与这个永别，带着无限的眷恋。

丁玲很欣赏萧红，但她心中却担心着萧红。有一次，她在和白朗谈起萧红时，甚至说："萧红绝不会长寿的。"她说这话的时候，在内心将中国所有她熟识或知道的女性朋友都想了一遍，却感到一种无言的寂寞来。因为能像萧红这样耐得住人生无尽的痛苦，还能坚持着不依赖于别人的力量，自己一个字一个字地在文坛上打下自己的一片江山的女性，实在是寥寥无几。

丁玲和萧红在一起的时候，她们经常唱歌、聊天，晚间躺在炕上谈到深夜。尽管她们在思想上、情感上、性格上并不完全一致，但她们却从来没有因为这些差异而产生隔阂，甚至从来没发生过争执。因为她们能够感觉到彼此之间的惺惺相惜，知道在这充满艰难险阻的人生里，能够一起躺在一铺炕上谈起过往是怎样难得的缘分。

在萧红去世一年后的一个雨夜，丁玲回忆起萧红，曾写下这样的文字：

我们痛饮过，我们也同度过风雨之夕，我们也互相倾诉。然而现在想来，我们谈得是多么的少啊！我们似乎从没有一次谈到过自己，尤其是我。然而我却以为她从没有一句话是失去了自己的，因为我们实在都太真实，太爱在朋友的面前赤裸自己的精神，因为我们又实在觉得是很亲近的。但我仍会觉得我们是谈得太少的，因为，像这样的能无妨嫌、无拘束、不须警惕着谈话的对手是太少了啊！

丁玲只觉得萧红会短寿，但没想到死亡竟来得那么快，那么令人措手不及，以至于心中许多本想要倾诉的话语，经过一次分离，就再也没有说出口的机会。

在临汾时，萧红与好友聂绀弩曾经有过一次关于文学创作的长谈，在提及萧红的文学天赋时，她有着自己的看法。

当时聂绀弩说："萧红，你是才女，如果去应武则天皇上的考试，究竟能考好高，很难说。总之，当在唐闺臣（本为首名，武则天不喜她的名字，把她移后十名）前后，绝不会到和毕全贞（末名）靠近的。"

萧红笑说:"你完全错了。我是《红楼梦》里的人,不是《镜花缘》里的人。"

聂绀弩没想到萧红会这样说,便问道:"我不懂,你是《红楼梦》里的谁?"

"《红楼梦》里有个痴丫头,你都不记得了?"

"不对,你是傻大姐?"

"你对《红楼梦》真不熟悉,里面的痴丫头就是傻大姐?痴与傻是同样的意思?曹雪芹花了很多笔墨写了一个与他的书毫无关系的人。为什么?到现在我还不理解。但对我来说却很有意思,因为我觉得写的就是我。你说我是才女,也有人说我是天才的,似乎要我自己也相信我是天才之类。而所谓天才,跟外国人所说的不一样。外国人所说的天才是就成就说的,成就达到极点,谓之天才。例如恩格斯说马克思是天才,而自己只是能手。这是指政治经济学这门学说的。中国的所谓天才,是说天生有些聪明、才气。俗话谓之天分、天资、天禀,不问将来成就如何。我不是说我毫无天禀,但以为我对什么都不学而能,写文章提笔就挥,那却大错。我就像《红楼梦》里的香菱学诗,在梦里也作诗一样,也是在梦里写文章来的,不过我没有向人说过,人家也不知道罢了。"

可见,萧红对自己文学天分的认知很理性,她用"香菱学诗"来比喻自己的文学创作,是想说自己之所以能有一鸣惊人的作品出来,并不是全然地依靠天赋,而是天道酬勤的结果。

第十七章

深渊尽头　后会无期

❋　❋　❋

说什么爱情!
说什么受难者共同走尽患难的路程!
都成了昨夜的梦,
昨夜的明灯。

——《苦杯（十一）》

❋　❋　❋

　　一九三八年二月,日军兵临城下,临汾即将失守。山西民族革命大学一行人在这里停留不足一个月,就又要考虑撤退的问题。最终大家决定跟随丁玲的战地服务团先到山西运城,再去西安。

　　在去留的问题上,萧军与萧红产生了巨大的分歧。萧军打算留在临汾和民大的部分师生一起打游击,而萧红则更希望跟随战地服务团一起撤退到西安去。因为萧军在东北时就有参加游击队抗日的志向,而萧红憎恶战争,也恐惧战场,虽然她一直都愿意为抗日做宣传和服务工作,但她没有勇气"拿起这短刀而赴前线去",相比之下,她更需要一个安稳的环境进行创作。

　　临行前一天,两人还在为将来的去向而争论不休,他们虽然并排躺在炕上,但却感觉两人之间像隔了千山万水一样遥远。

　　"你总是这样不听人的劝告,该固执的你固执;不该固执的你也固执……这简直是'英雄主义''逞强主义'……你去打游击吗?那不会比一个真正的游击队员更价值大一些,万一……牺牲了,以你的年龄,你的生活经验,文学上的才能……这损失,并不仅是你自己的呢。我也并不仅是为了'爱人'的关系才这样劝阻你,以引起你的憎恶与卑视……这是想到了我们的文学事业。"萧红气恼地说着。

　　"人总是一样的。生命的价值也是一样的。战线上死了的人不一定全是愚蠢的……为了争取解放共同奴隶的命运,谁是应该等待着发展他们的'天才',谁又该去死呢?"萧军反驳道。

"你简直忘了'各尽所能'这宝贵的言语,也忘了自己的岗位,简直是胡来……"

"我什么都没忘。我们还是各自走自己要走的路吧。万一我死不了——我想我不会死的——我们再见,那时候也还是乐意在一起就在一起,不然就永远地分开……"

"好的。"

两人的争论在此处戛然而止,谁也不知道接下去该说些什么,就在他们沉默着的时候,丁玲边说着话边推门而入。

"你们争论完了吗?我真听腻了这些呢!"

"这不是开玩笑呢!我们常常这样意见不一致,弄得两不欢喜,所以还是各自走自己的路倒好一点……"萧军认真地回答道。

"算了吧!大家明天就分开了……让我到外间屋子去睡好吗?你们可以……"然而丁玲话音未落,聂绀弩在外屋的声音就响起来了,他半开玩笑地说:"算了吧,你别到外面来睡啦,我们这里全是'男同志'哪!"

"那有什么稀奇。"说着,丁玲便去拿被子准备去外屋,萧军拦住她。

"这样也好。好则,我三分钟就可以睡着,这样你们可以随便地谈。记住,明天大家就要分别了!"丁玲说道。

"要谈的早谈过了,你就是四分钟睡着也不要紧呢。"萧军说着,话音没落下多久,丁玲便已经睡着了。

几人的玩笑话也就此结束了。萧红从头到尾一言不发地躺着,在黑暗中,眼泪已经润湿了眼角。

第十七章 ※ 深渊尽头 后会无期

第二天傍晚，萧军为即将离开的战地服务团送行。火车站很热闹，也很寂寥，热闹的是人很多，但没有百姓，只有来来往往的官兵。

在拥挤的车厢中，萧红倚着窗户看向窗外，等着萧军的到来，旁边坐着端木和聂绀弩。萧军就近买了两个梨子从车窗外递到萧红手上，萧红紧紧攥住萧军的手怎么也不肯松开，昨夜已经哭肿的眼睛再一次被眼泪淹没，她几乎是用哀求的语气对萧军说："我不要去运城了啊！我要同你进城去……死活在一起吧！在一起吧……若不，你也就一同走。留你一个人在这里我不放心，我懂得你的脾气……"

"不要发傻！"萧军翻过萧红细瘦的手指说，"你们先走一步，如果学校没有变动仍在这里，你们就再回来，这里一样的啊！也许……马上我也就来运城，一同在那里工作或者去西安，不然，就到延安去会合。你跟丁玲他们一同走比较安全，他们有团体。我强壮，应该留在这里，学校已经决定成立一个'艺术系'了，这真好啊！我们的人，怎能一个不留在这里呢？这是说不过去的。我们来的目的，不就是要在'这个时期'工作吗？"

"你太关心他了。"坐在一旁的端木说道。

"他比我们强壮，打游击也可以打，跑也跑得比我们快，他是应该留在这里的。"聂绀弩宽慰道。

"你们也并不软弱啊！为什么不留一个在这里？"萧红过于激动，不管不顾地责问着身边的两个男人。

"我们怎么能跟他比呢？这正是他'建功立业'的时候，却是我们这类人吃瘪的年头。"聂绀弩说完便不再言语了。

萧军一向看不惯端木弱不禁风的样子，便半开玩笑地讥讽道：

"是的嘛，我的确是强壮的。怎样，端木也要留下来吗？在这里一起工作吧，省得我自己孤单。这里也有千多个学生呢！"

"不啊……不，我要到运城去了，这样牺牲在我是不值得的呢。"端木悻悻地说着，声音也弱了下去。

"不要傻吧，还是好好去运城，我们不久就会再见的。"萧军握着萧红因为过于激动而发热的手，安慰着她。

"我说过一千遍了，我不仅仅是因为你是我的'爱人'才关心你！这仅是同志的关系，我也不乐意你这样，你总是不肯听我的话！"

"不要紧的啦！我不是经过很多次应该死的关头全没死吗？我自信我是死不了的。"

"这又怎比先前呢？你总是这样……我真不赞成。"萧红哭着说，"随你的便吧……你总没有一次好好听过我的话。"

"一切还不是为了工作吗？第一，我们要工作，不然为什么我们要到这里来？要你们到运城去也还不是为了工作吗？那里人太少，这并不是请你们逃跑。"

"随你的便吧！"萧红用尽全力地大吼了一句，随后便转过头去不再看萧军。

"你就让他留在这里吧，他不比我们更愚蠢，他是懂得怎样处理自己的，你真是太爱他了！"端木劝解道。

"这样，被爱的人是很不舒服的。"聂绀弩在一旁补充着。

"不是这样说……"萧红哽咽着，说不出话来，萧军害怕萧红越来越激动，就离开去找丁玲了。

其实聂绀弩之所以说出这样的话，并不是一时兴起，而是在他们上车之前，萧军就曾找他谈过。

萧军当时说："时局紧张得很，临汾是守不住的，你们这回一去，大概不会回来了。爽性就跟丁玲一道过河去吧！这学校（民大）太乱七八糟了，值不得留恋。"

"那么你呢？"聂绀弩问道。

"我不要紧，我的身体比你们好，苦也吃得，仗也打得。我要到五台去。但是不要告诉萧红。"萧军回答道。

"那么萧红呢？"聂绀弩问。

"哦，萧红和你最好，你要照顾她，她在处世方面，简直什么也不懂，很容易吃亏上当的。"萧军不免担心地说。

"以后你们……"聂绀弩感觉到萧军的话中似乎有些别的意思。

"她单纯、淳厚、倔强、有才能，我爱她。但她不是妻子，尤其不是我的！"

"怎么？你们要……"

"别大惊小怪！我说过，我爱她，就是说我可以迁就。不过还是痛苦的，她也会痛苦，但是如果她不先说和我分手，我们还永远是夫妻，我绝不先抛弃她！"

萧军找到丁玲，两人在夜色中聊了很久，然而丁玲早就看出萧军吞吞吐吐、心神不宁的样子了，便侧过头问他："你这家伙，究竟要说些什么鬼话？"

萧军踌躇了半晌，才缓缓开口道："我没有别的话，还是关于红……"

"是了呀，让我好好代你照顾她，你已经说过有几遍了……"

丁玲没等萧军继续说下去，就把话截留下来。

"就是。说实在的，她的身体不好！而处理一切人事又不及你熟练有把握……并且你们是有个团体的，对于什么全要容易些。她到运城可以不必停留，就随你们到西安，她如果乐意，而后你设法把她送去延安的车……不然就暂时住在你们团体里吧。总之不要使她一个人孤单单地乱跑。反正……我们会见到的，只是……"萧军斟酌着字句，语气难得地柔和起来。

"对了嘛……为什么那天晚上竟说那么厉害？如今又是这样关心。"丁玲把头引向后面停止着的列车，萧军觉得这又是在取笑他了。

萧军回想起昨夜和萧红激烈的争吵，感觉有些后悔，又微微感到一点悲凉。他心里有些犹豫了，一边觉得如果就这样送她去运城吧，让她自己走，她必然会为了过度牵心自己而永久也得不到安宁。他知道萧红的性格，和一行人并不是都能相处得很好，又怕聂绀弩和端木没办法照顾好她，与其这样，不如让她和自己一起留下来。可是转念一想，此处已经岌岌可危，自己将来的境况如何尚未可知，带着一个病弱的女人在身边，只能是害了她，还是让她自己去运城吧，他是应该留在这里的。

习惯了就好了，他想着。

看着在寒风中抽烟的丁玲，萧军突然感到有些羡慕，他便说："我此刻倒很羡慕你，没有牵挂。"

"是啊！但你忘了，我还是两个孩子的母亲咧！"丁玲抽着烟，神情倒是淡然。

"看样子，似乎你并不常常想念他们……也许偶尔想一想……"

第十七章 ※ 深渊尽头 后会无期

萧军和丁玲走在一群军人中间，突然，人群中响起嘹亮的军歌：

我们都是神枪手，
每一颗子弹消灭一个仇敌；
我们都是飞行军，
哪怕那山高水又深。

丁玲看着火车内外来来往往的人民子弟兵，眼中闪着一种难以言说的光芒，她缓缓说道："看啊！这就是我的家！这里面有我的一切，也有我的儿子们。"

在去往西安的火车上，丁玲提议可以在西安组织编排一部反映抗日救亡运动的话剧。大家都很积极地提想法，你一言我一语，边说边记录，最终由诗人塞克整理完成了剧本的创作。

萧红一行人到西安后，住在八路军办事处大院高台阶上的一排屋子里。在西安的生活相对来说平静了很多，大家在排练之余也能安心创作了，一群人同吃同住，培养了很深厚的感情。

有一天下午，塞克抱着几根树枝跟端木说，这种木材很适合做手杖。于是端木接过木头，掏出小刀坐在院子里削木棍，这时候萧红从屋里走出来看着他们手中的木棍说："这树枝再好也没我的好。"

说完就转身取出一根二尺来长的小竹棍儿，竹棍儿光滑精致，很是漂亮。

端木接过竹棍儿仔细打量着说："确实不错，这是南方才有的竹子，北方哪有这样精致的东西？"

"对喽！就是从南方带来的，我一直放在箱子里，从来没拿出来过。"萧红得意地说。

端木趁萧红不注意，便恶作剧地把她手中的竹棍儿敲落在地，还笑着说："你那漂亮的小棍儿，还是没有我们的结实吧？"

于是萧红与端木便拿着各自的小棍儿互相比试起来，萧红拿着自己的小竹棍儿瞬间就把端木的木棍敲裂了。木棍裂了不要紧，端木却有理由向萧红讨要她的小竹棍儿来给自己做"赔偿"了。然而萧红并没有答应把竹棍儿给他，只是说她晚上会把竹棍儿藏起来，若是他第二天找到了，那竹棍儿就归他了。

当晚，萧红和聂绀弩在正北路上边聊天边散步。两人走在朦胧的月色下，萧红穿着酱色的旧棉袄，外披着黑色小外套，毡帽歪在一边，夜风吹动帽外的长发。她一面走，一面用手里的那根小竹棍儿敲那路过的电线杆子和街树。

萧红心里不宁静，一副心不在焉的样子，走路也一跳一跳的，脸色苍白得像月色一样。两人边走边聊，聊到萧军的时候，萧红突然说："我爱萧军，今天还爱。他是个优秀的小说家，在思想上是个同志，又一同在患难中挣扎过来的！可是做他的妻子却太痛苦了！我不知道你们男子为什么那么大脾气，为什么要拿自己的妻子做出气包，为什么要对自己的妻子不忠实！我忍受屈辱，已经太久了……"

随后，萧红又向聂绀弩讲起两人共同生活的一些片段，包括萧军在上海发生的婚外情，两人将来不同的打算，等等。

聂绀弩在萧红的倾诉中才明白过来，一开始他只以为临汾一别，只有萧军是有永别之意的。但今天听见萧红诉说她的屈辱才知道，她也跟萧军一样，在踏上离开临汾的火车时，就明白这场离别可能意味着后会无期了。

两人在马路上来回地走，聊了很久，萧红说了很多，聂绀弩只是静静地听着。最后，萧红说："我有一件事要拜托你！"

她随即举起手里的小竹棍儿给他看："这，你以为好玩吗？"聂绀弩认得那根小棍儿，是萧红在杭州买的，已经带在身上一两年了。

"今天端木要我送给他，我答应明天再讲。明天，我打算放在箱子里，却对他说是送给你了。如果他问起，你就承认有这回事行吗？"萧红恳求道。

聂绀弩知道萧红一直嫌弃端木软弱、胆小，时常在背后说他是胆小鬼、势利鬼、马屁鬼，就不假思索地答应了她。但是一想到端木，他才发现这些日子端木和萧红总是走得很近，便觉得这是萧红拒绝端木的表现，又想起萧军分别前的嘱托，便对萧红说："飞吧，萧红！记得爱罗先诃童话里的几句话吗？不要往下看，下面是'奴隶的死所'……"

那晚的谈话，在萧红模糊不清的回答中结束了。然而她似乎没有完全懂得聂绀弩的意思；而聂绀弩似乎也并没有完全读懂萧红的意思。

经过两个多星期的排演，三月底，话剧《突击》终于可以搬上舞台了。当时的西安没有戏可演，而这部戏又是多个知名作家共同创作的新剧本，且又属于西北战地服务团承办，所以一经发布，就有很多观众来看，公演三天，总共演了七场，场场爆满，座无虚席。在预演时，国民党省党部曾派人来挑剔审查，企图推迟甚至阻止话剧公演，在正式演出之前又派了特务来捣乱。在山西省委、八路军驻西安办事处等多方面的帮助下，整个剧目还是顺利演成了，演出期间也没出任何事故，获得了圆满成功。萧红等一众主创人员还受到了周恩来总理的接见。

正在《突击》演出期间，萧红被战地服务团的人叫走，原来是丁玲有事要回延安去，但战地服务团还会留在这里，问他们几个人的意见。萧红随后跟端木说起这件事，端木很高兴，他很想到延安去看看，便兴奋地问："那我们可以和丁玲一起去延安？"

萧红半天没说话，一直闷闷不乐地走回到服务团驻地时才低沉着说："听说萧军已经到延安了。"说完便径自回屋了。

当时，聂绀弩正无事可做，就决定和丁玲一同去延安，一连几天都和丁玲在一块儿接洽关于车子的事情，没有机会与萧红谈什么。临行的前一天傍晚，聂绀弩在马路上碰见萧红。

"你吃过晚饭没有？"萧红问。

"没有。我正想去吃，你呢？"聂绀弩答道。

"我吃过了。但是我请客。"

"你又何必呢？"

"我要请你，今晚，我一定要请！"萧红态度很坚决，显然是有话要和聂绀弩说。

两人进了一家饭馆，萧红替聂绀弩要了两样他爱吃的菜，又要了酒。她不吃，也不喝，只是隔着桌子望着聂绀弩。

"萧红，一同到延安去吧！"聂绀弩提议道。

"我不想去。"

"为什么？说不定会在那里碰见萧军。"聂绀弩仍然希望两人还有和好的机会。

"不会的，他的性格不会去，我猜他到别的什么地方打游击去了。"

萧红并没有发表太多关于萧军的态度，只是静静地看着聂绀弩吃饭，眼睛里明显地藏满了心事。

吃完饭走出饭馆的时候，萧红突然说道："要是我有事情对不住你，你肯原谅我吗？"

"你怎么会有事对不住我呢？"聂绀弩问道。

"我是说你肯吗？"

"没有你的事，我不肯原谅的。"

"那个小竹棍儿的事，端木没有问你吧？"

"没有。"

"刚才，我已经送给他了。"

"怎么，送给他了？"聂绀弩感到一个不好的预兆，"你没有说已经送给我了吗？"

"说过。他坏，他晓得我说谎。"

两人沉默了好一会儿，聂绀弩说："那小棍儿只是一根小棍儿，它不象征着旁的什么吧？"

"你想到哪里去了？"萧红把头望着别处，"早告诉过你，我怎样讨厌谁？"

"你说过，你有自我牺牲精神！"

"怎么谈得上呢？那是在谈萧军的时候。"

"萧军说你没有处事经验。"

"在要紧的事上我有！"萧红说这话的时候，声音却在发颤。

"萧红，你是《生死场》的作者，是《商市街》的作者，你要想到自己在文学上的地位，你要向上飞，飞得越高越远越好……"聂绀弩已经明白了萧红的意思，但他毕竟没办法对别人情感上的事横加指责，便只好以这样的方式暗示着。

第二天启程前，在人丛中，聂绀弩向萧红做着飞的姿势，又用手指天空，她会心地笑着点了点头。

在丁玲一行人离开后不久，萧红却发现自己怀孕了。

然而这个孩子的到来对于萧红与其说是惊喜，不如说是烦恼。因为此时她心中早已做出了抉择，那就是和萧军永远地分开，而这个孩子的到来，意味着她与萧军之间本来可以斩断的关系又开始变得暧昧起来，她终于厘清的思绪又开始变得混乱起来。

在复杂的思想斗争后，她决定放弃这个孩子。但在荒凉的西北，想要堕胎，既没有条件，也没有钱，萧红就先从相对容易的筹钱开始做起。

三月三十日，萧红在写给胡风的信中说：

> 我一向没有写稿，同时也没有写信给你。这一遭的北方的出行，在别人都是好的，在我就坏了。前些天萧军没有消息的时候，又加上我大概是有了孩子了。那时候端木说："不愿意丢掉的那一点，现在丢了；不愿意多的那一点，现在多了。"
>
> 现在萧军到延安了。聂也去了。我和端木尚留在西安，

第十七章 ※ 深渊尽头　后会无期

因为车子问题。因为西北战地服务团，我和端木和老聂、塞克共同创作了一个三幕剧（即《突击》），并且上演过。现在想要发表，我觉得《七月》最合适，不知道你看《七月》负担得了不？关于稿费请先电汇来，等急用，是因为不知什么时候要到别处去。

当时西安的医疗条件根本就无法完成堕胎手术，萧红在多次求告无门之后，只能将这件事暂时搁置。

四月初，丁玲、聂绀弩从延安回到西安，与他们同行的，还有萧军，当时他本想去五台山打游击，中途折到延安，正好与丁玲他们遇见。

尽管距离上次分别时只隔一月有余，但旧人再次相见，却已物是人非。

一行人刚到八路军办事处的大院，丁玲的团员就大喊道："主任回来了！"萧红和端木一起从丁玲的房间里走出来，看到萧军时，两人都愣住了。

待到众人各自回屋后，萧红郁郁寡欢地走进端木的屋子，端木便问她："你不舒服吗？"萧红还没答话，萧军就闯了进来，他当即就和萧红说："你和端木结婚吧，我和丁玲结婚。"当时端木屋里还有一架破旧的手风琴，萧军说完，重重地一拳打在风琴上，发出沉重的闷响。

萧军的话令萧红和端木感到既愤怒又屈辱。

萧红愤怒地说："你和谁结婚我管不着，我们俩要结婚，还需要你来下命令吗?"

端木也生气地说:"你也太狂妄了,你把我们当成什么人了?我们结婚不结婚干你什么事!"

萧军也怒气冲冲地指着端木说:"我成全你们不好吗?瞧瞧你那德性!"

"你想干什么?你怎么随便侮辱人!"

"我就是要好好教训教训你这小子!"

萧红看到萧军跃跃欲试想要动手的样子,赶快拉住了他说:"走!走!咱们有话到外面说去!"

端木晚年回忆起这段情感纠葛时,表示自己曾经对于与萧红的关系是很纠结的,但出于对萧红的关爱和敬重,他还是站出来担起了这份责任。

当然我就要考虑这个问题了:我是参与这个事,还是退出来?这已跟我发生这么密切的关系了。我想,萧红有独立人格的话,我也有独立人格的话,我们有我们自己的自由想法的话,还要你萧军来教我们吗?而且,萧红难道是一件东西?你甩给我,还是我端木找不着老婆,要你来成全这件事?这是对我们人格上的侮辱。至于我和萧红结不结婚,跟你完全不着边际,而且你这样一宣布,不等于你跟萧红分手了吗?萧红本来就有那些心理活动,当然就很气愤了。后来他们谈什么,我就不知道了。当然萧红不会说:端木,你跟我结婚,我就和萧军离婚。她当然不会这样,她要找任何人都可以找到,不一定非找我不可。

……

那么在这种情况下,我当然要站在萧红这方面。实际上,我一直没有结过婚,萧红年龄还比我大,身体还那样坏,我当然也有考虑。但这种情况下,我必须与萧红结婚,要不然她会置于何地?

第二天一早,萧红肿着眼睛到端木的房间里找他,很显然,昨夜她与萧军有过激烈的争吵,而端木自己也彻夜难眠。

"端木,我们出去走走吧。"萧红进屋后说道。

端木站起来说:"好!"顺手戴上他那顶小船帽,拿了围脖,就和萧红一起出门,慢步向公园的路上走去。

两个人走在路上,半个小时谁也没说一句话。

到了公园门口,端木犹豫了一下,意思是征询萧红是到公园去,还是不到公园去?萧红却连看也没看他一眼,就进了公园了,端木立即紧跟在后面。

萧红走到公园树丛密集的地方,突然停下脚步,转过身来拦着他,两眼直直地看着端木说:"我和萧军彻底分开了,我将他给我的信全部还给他了。我向他索取我的信,他却不给。他力气大,我也抢不过他,只有随他去。"

端木沉默了一下,慢慢地说:"这么说,你自由了!"

端木说完,本以为萧红会是如释重负,但没想到她却突然哭了。端木很少见到这样的情形,连忙问道:"怎么了?怎么了?"

萧红扑在端木怀里更加伤心地哭了起来。端木慌乱不堪地拍着萧红的肩膀，连连地说："别哭，别哭！怎么了？怎么了？"

萧红哭了一阵，猛然抬起头，坚决地说："我要告诉你一件事。"

端木问："什么事？"

萧红退出端木的怀抱，往后站了两步，睁着一双大眼睛定定地看着端木说："我和萧军有孩子了。"

端木一时转不过弯来："有孩子？"

萧红死死盯着端木的眼睛，一个字一个字地说："我已经怀了四个月的身孕。"

端木直觉地问："萧军知道吗？"

萧红说："当然知道！"

端木惊诧道："那他还要你和我结婚？"

萧红点点头说："是的！他就是这样的人。"

端木不自觉地喊了一声："天哪！"便不顾一切地将萧红紧紧搂在怀里，气得全身发颤地说，"你，你怎么能和这样的人生活在一起啊……"

萧红依偎在端木怀里，更加痛哭起来。

两人在这次坦诚的谈话中正式明确了关系。

关于二萧的分手，多年以后萧军回忆起当时的情形时，这样写道：

> 正当我洗除着头脸上沾满的尘土，萧红在一边微笑着向我说："三郎——我们永远分开吧！"
>
> "好。"我一面擦洗着头脸，一面平静地回答着她说。

第十七章 ※ 深渊尽头 后会无期

接着很快她就走出去了……

这时屋子里，似乎另外还有几个什么人，但当时的气氛是很宁静的，没有谁说一句话。

我们的永远"诀别"就是这样平凡而了当地，并没任何废话和纠纷的确定下来了。

然而事实上萧军似乎并没有那么大度。

一开始的时候，萧军出于负气并不理会他们，到一定时候，他又要与萧红复婚，或者不复婚也可以，至少把孩子生下来交给他再分开，这就更让萧红生气了。

萧红生气地责问道："你宣布离婚，把我像送东西一样给了端木，完了又要复婚，天下哪有这样的事？"

有一段时期，萧红和端木上街吃饭的时候，萧军就跟在他们后面不足一百米的地方，拎着一根粗棒子，他们走到哪儿，他就跟到哪儿。因为这样，萧红便更对他失望了。

有一次，晚上端木正在屋里睡觉，萧军一脚踢开门闯进来说："端木你起来，我们去决斗！"端木知道他是在找别扭，就问到哪儿决斗？他说到城外。

由于两人的声音一个比一个高，萧红在她自己屋里听见了，赶快跑过来说："萧军，你不能耍野蛮，这是八路军办事处所在地，不是其他地方，你这套还是收起来吧！我的性格你是知道的，你要把端木弄死，我也把你弄死，这点你该相信我。我说话你是知道的，是算数的，你最好忍耐些。这样就拉倒了。"

萧军冷哼一声离开了，此后便没有再纠缠萧红。

后来萧红和端木商定，只要萧军去延安，他们就回武汉去，如果萧军回武汉，他们就去延安，总之要离萧军越远越好。

就此，萧红与萧军六年的同居生活终结，"二萧"的传奇也再没有续篇。

其实，二萧的分手完全是情理之中的事，一切都只是时间的问题。

萧军曾经如下强调自己的爱情观：

> 我对于两性之间的关系原则是这样：如果我还爱着她，而对方不再爱我，或不需要我了，我一定请她爱她所要爱的去、需要她所需要的去，决不加以纠缠或阻拦；如果我不爱她了，不需要她了，她就可以去爱她所要爱的去。不期她此后把自己的身体和灵魂交给"天使"或"魔鬼"，这完全是她自己的事情了……

可见，如果放在今天，萧军就是那种"不接受、不拒绝，不负责"的渣男类型，一旦不爱了，就将对方置于冷暴力的阴影之下，让对方在痛苦中主动提出分手。

哪怕在萧红去世后，萧军并没有表达出多么强烈的悲伤情绪，只是淡淡地总结道：作为一个六年文学上的伙伴和战友，我怀念她；作为一个有才能、有成绩、有影响……的作家，不幸短命而死，我惋惜她；如果从"妻子"意义来衡量，她离开我，我并没什么"遗憾"之情!

萧军曾经一而再、再而三地在文章中埋怨萧红缺乏"妻性",然而他想得到的"妻性"却正是萧红最为深恶痛绝的"女性过多的自我牺牲精神"。但是为了萧军,萧红也曾无数次地自我牺牲,纵使她成为文坛上炙手可热的女作家,但在家庭中,她却仍然只是被爱人随意使唤、贬低甚至背叛的普通女人。

隐忍并不能换来等价的爱。

这个世界上有千万种人,好人、恶人、庸人、凡人……我们本来能够遇见的数目就屈指可数,在这屈指可数的那一小部分人里,真正能够把自己当作生命一样来爱护的人,又能有几个呢?真正能让自己用生命去爱护的人,又有几个呢?多数人可能一辈子都遇不上一个。

这就是命运的残酷之处。

也许对于萧军而言,萧红是那个可以把他当作生命来爱的人,只可惜,他承担不起这份沉重的爱,他只醉心于自己作为男性的权力和力量,他想要绝对的服从,要一个可以把他的需求当作自己的全世界的女人。但现实的矛盾过于明显,萧红热爱文学,尽管她在萧军的营救下活了下来,但这并不代表萧军必须成为她的天,她的全世界。文学才是她的全世界,她必须把更多的时间和精力放在书桌上和文字里。

好在,萧红终于看清了这一点,在"爱"的深渊里,给了自己一个回头是岸的机会。

第十八章

孤独辗转　无枝可依

❋　❋　❋

　　我总是一个人走路。以前在东北,到了上海以后去日本,又从日本回来,现在到重庆,都是我自己一个人走;我好像命定要一个人走似的。

——萧红与端木的谈话

❈ ❈ ❈

一九三八年四月下旬，在得知萧军打算去延安后，萧红随端木蕻良回到武汉准备结婚。到达武汉后，端木暂住在亲戚家中，萧红则借住在鹿地亘夫妇家中。

萧红带着端木去见他们的挚友胡风夫妇，但友人相见的气氛却并不太融洽。看到萧红兴冲冲地向他们介绍自己和端木在一起了，胡风并没有像萧红想象的那样立刻送上祝福，而是思考了许久之后对她说："作为一个女人，你在精神上受了屈辱，你有权这样做，这是你坚强的表现。我们做朋友的为你能摆脱精神上的痛苦是感到高兴的。但又何必这样呢？你冷静一下不好吗？"

胡风的一番话给沉浸在新生愉悦中的萧红泼了一盆冷水，萧红虽然没有表现出什么，但心里总是失落的。

其实，不只是胡风，多数朋友都不看好萧红和端木的结合。也正是因为萧红与萧军突然分手，而后又立刻和端木在一起，许多人都觉得端木是二萧之间的"第三者"，因而非常鄙视端木，也渐渐和萧红疏远了。

就连本来与萧红关系很好的张梅林，也很少去看望她了，因为每次见到她和端木，就会想起当时二萧和端木一起住在小金龙巷的情景，心中难免觉得不舒服。但是两人还是有联系的，仅限于外出散散步，聊聊天。

有一次，萧红和梅林走在路上，萧红突然问："是因为我对自己的生活处理不好吗？"

"这是你自己个人的事。"梅林答道。

"那么，你为什么用那种眼色看我？"

"什么眼色？"

"那种不坦直的，大有含蓄的眼色。"

梅林知道自己把心中的不快表现得太明显，便不再说话。

萧红接着说："其实，我是不爱回顾的。你是晓得的，人不能在一个方式里面生活，也不能在一种单纯的关系里生活。现在我痛苦的，是我的病。"

萧红最亲密的好友白朗也对萧红的选择很不理解，曾在回忆萧红的文章中把端木描绘成一个萧红并不喜欢的人。

几年来，大家都在到处流亡，我和红也还能到处相遇，每次看见她，在我们的促膝蜜语中，我总感觉到她内心的忧郁逐渐深沉了，好像有一个不幸的未来在那里等待着她。

预料的不幸终于发生，幸福之杯粉碎了，红和军决然地分开，据传说，红竟然爱上了一个她并不喜欢的人。

绿川英子则把萧红与端木的结合看作"一加一小于二"的结果。

她和萧军的结婚，在初期，仿佛是引导和鼓励她走上创作之路的契机。原来，各有其事业的男女结合，不单是一加一等于二，要向着一加一等于三或四的方向发展才是理想。

可是在他们的场合,一加一却渐渐降到二以下来了。而这个负数,其负方是常常落在萧红这一面的。自然,这也许是由于两人的性格上所酝酿的矛盾与相克,但是火上加油的仍然是男性至上的封建遗产。

后来萧红就离开我们和端木去过新生活了。不幸,正如我所担心的,这并没有成为她新生活的第一步。人们就不明白端木为什么在朋友面前始终否认他和她的结婚。尽管如此,她对他的从属性却是一天一天加强了。看见她那巨大的圆眼睛,和听见她那响亮的声音的机会也就日渐减少……

然而,外界的看法对萧红来说并不重要,她向来是个遵从内心的人,她仍然心无旁骛地准备着和端木的婚礼。

鹿地亘夫妇听说萧红要和端木结婚了,倒不像其他人那样惊诧和不解,出于祝福,池田幸子还送了一块很珍贵的紫红纱织丝绒花布料给萧红做新婚礼物。端木的三嫂刘国英和萧红拿这块布料赶制了一件连衣裙,但是由于萧红当时怀着孕,裙子做小了,只能临时拆开再用别针连上。

两人举行婚礼之前,端木还给远在广州的茅盾写信求助,希望能借到一笔钱,作为婚礼和安家的费用,茅盾通过生活书店为他们凑了一百元钱,才使得两人的生活有了着落。

五月下旬,萧红和端木在武汉大同酒家举办了婚礼,由于当时很多文艺界的人士不是去了延安,就是去了重庆,因此参加婚礼的人并不多,只有胡风夫妇、鹿地亘夫妇、蒋锡金、艾青等人,剩下的都是端木在武汉的亲友。而端木和萧红本来也不想大操大办,只是置办了三桌酒席,这样简简单单的仪式对他们来说已经足够了。

两人婚礼的证婚人是端木三嫂的父亲刘镇毓,刘老先生为两人的婚礼致辞,大家纷纷为两人送上祝福。婚礼上,萧红把鲁迅和许广平送她的四颗红豆送给了端木,作为两人的结婚信物。

有人提议让新郎新娘谈谈恋爱的经过,萧红感慨道:"剖肝掏肺地说,我和端木蕻良没有什么罗曼蒂克式的恋爱历史。是我在决定同三郎永远分开的时候,我才发现了端木蕻良。我对端木蕻良没有过高的希求,我只想过正常的老百姓式的夫妻生活。没有争吵,没有打闹,没有不忠,没有讥笑,有的只是互相谅解、爱护、体贴。"接着,她真诚地说,"我深深感到,像我眼前这种状况的人,还要什么名分?可端木却做了牺牲,就这一点我就感到十分满足了。"

婚礼结束后,萧红和端木住进饭店二楼的头等房间,两人坐在床上紧紧相拥,但端木考虑到萧红有孕在身,为了她的健康,并没有和她发生关系。萧红为端木如此绅士的举动感动不已。

"我可遇到一个懂礼的人了,我的亲人!我的兄弟!"说着说着,她开始哭了起来。

"说得好好的,高高兴兴的,怎么又哭了呢?亲爱的!"端木对萧红突如其来的感伤很难理解。

"我想起在哈尔滨快生第一个孩子的时候……"萧红哽咽着说。

对于萧红从前的种种经历,端木也不是全然不知,但他不希望萧红再把自己陷进那些苦痛的记忆里,连忙安慰道:"别想了,

第十八章 ※ 孤独辗转 无枝可依

别想了,过去的事情想它干什么?挑愉快的想,想我们今后怎么好好生活,好好写东西!"

婚礼之后,两人再次搬进位于小金龙巷的蒋锡金家。谁也不曾想到,就在这短短的数月间,曾经住在这里的三个人的关系发生了翻天覆地的变化。

旧的故事画上了终章的休止符,新的故事却又要在这里开始。

有一次,萧红一个人到胡风家,梅志正带着孩子在花园里玩,萧红看到孩子玩耍时的天真模样,便感慨说:"孩子顶可爱的,尤其是三四岁,似懂非懂顶好玩。"

"我看得出你喜欢孩子,将来你一定能把孩子带好。"梅志看着萧红的肚子说。

"我?孩子?那太缠人了,麻烦……"萧红说道。

巧合的是,不久后梅志发现自己也怀孕了,但是考虑到当时时局复杂,兵荒马乱的,不论是怀着孕还是带着婴儿,都是不方便的。于是梅志打算把孩子打掉,萧红听说后,表示要和梅志一起去。然而,到了医院一问,才知道堕胎的费用要一百四十元,两个人都出不起,便就此放弃了。

但这个孩子在萧红心里始终是个难以解开的心结,后来她又找到蒋锡金,让他帮忙找个能给自己做堕胎手术的大夫,蒋锡金理解萧红的境况,东奔西走地找了个大夫,但是大夫看到萧红的肚子已经有五六个月大,坚决不同意手术,这种情况强行堕胎很有可能伤及萧红的性命,后来蒋又帮忙找到几个大夫,出于安全考虑,没有人敢给萧红做手术。

端木知道萧红对孩子的事耿耿于怀，于是很郑重地跟她说，让她为了自己的身体着想，不要再想着堕胎的事，萧红才断了这个念头。

婚后，两人并没有如愿过上安稳创作的生活。武汉的形势越来越严峻，端木想到《大公报》王芸生那里做战地记者，本来对方已经答应，但是由于国民党节节败退，很快退出武汉，战地记者的事也就没了下文。

八月，日军连日轰炸武汉，往日繁华的城市变成满目疮痍的废墟，到处是流亡者的身影，萧红和端木商量后决定离开武汉，前往重庆。

当时罗烽、白朗夫妇也打算去重庆，四人准备同行，然而罗烽一开始只买到了两张船票，就先让白朗和罗烽的母亲上了船，后来他又买到了两张船票，端木希望罗烽能带萧红一起走，但是萧红表示自己是个孕妇，和罗烽一起走实在不方便，就让端木先走，到了重庆也好先把住地找好了。

端木对萧红的安排并没有提出什么异议，似乎也并没有过多地想到萧红作为一个孕妇在武汉这样的险境中能否安全这样的问题，只是毫不犹豫地同意了萧红的安排。端木临走前，将萧红托付给田汉的妻子安娥照料，安娥表示一定能买到船票，到时候自己会和萧红一起走，端木便放心地和罗烽一起离开武汉，去往重庆了。

萧红就这样再一次成为她最痛恨的"自我牺牲"的女性。

然而，事情根本不像安娥说得那么轻松，船票很难买，萧红也就一直滞留在武汉。由于一个人住生活不便，萧红就带着行李来到位于汉口三教街的"中华全国文艺界抗敌协会"。当时蒋锡金、孔罗荪在那里工作，看着萧红来了，蒋锡金很为难，因为当时"文协"的房间已经住满了，没有空房能给萧红住了，而且他们一群人连自己都顾不过来，就更难照顾一个孕妇了。

蒋锡金一再向萧红表明他们的难处，但萧红只是说了一句"我住定了"，便把铺盖扔在门廊的地上，就此住了下来。

萧红一个人搬到"文协"时，几乎身无分文，连吃顿饭的钱都没有了。中学同学高原一直跟她保持着联系，听说萧红搬到"文协"，就来看望她。高原来时，看到萧红穿着一件薄薄的夏布长衫，倚坐在门廊边的席子上，额头上沁着汗，脚边还摆着一盘蚊香。高原看到这样的情景着实心疼，便把身上仅有的五元钱留给了她。

当时孔罗荪租住在楼上的两间房子里，冯乃超夫妇也为了等船票的事住在这里，萧红虽然只能住在门廊上，但还是经常和孔罗荪、李声韵他们一起吃饭。

孔罗荪家本来有个做饭的女仆，没想到因为"文协"楼上楼下来来往往的人太多，女仆就趁乱偷了他们的东西跑了。

没人做饭的问题并没有难倒萧红，只要她精神好的时候，就会去买了牛肉、包菜、土豆和番茄煲汤，就像当年和萧军、张梅林一起的时候那样。饭后，萧红会悠闲地谈起自己的理想和向往的生活。

"人需要为着一种理想而生活着。"萧红说着，"即使是日常生活上很琐细的小事，也应该有理想。"

"那么，我们就来谈谈最小的理想吧。"孔罗荪斜躺在沙发上听着萧红的畅想。

"我提议，我们到重庆以后，要开一座文艺咖啡室，你们赞成吧?"

"唔。"李声韵微笑着,而且点着头,表示她赞成,"你做老板,我当伙计,好吧!"

三人都笑了起来。但是萧红突然一本正经地说:"这是正经事,不是说玩笑。作家生活太苦,需要有调剂。我们的文艺咖啡室一定要有最漂亮、最舒适的设备,比方说:灯光、壁饰、座位、台布、桌子上的摆设、使用的器皿,等等。而且所有服务的人都是具有美的标准的。我们要选择最好的音乐,使客人得到休息。哦,总之,这个地方是可以使作家感觉到最能休息的地方。"

孔罗荪和李声韵很喜欢萧红的计划,还提议必须布置一间精美的起居室,这里面要搜集世界文学名著以备作家浏览,还要在墙上悬挂世界的名画,等等。

"这不会成为一间世外的桃源了吗?"孔罗荪感叹道。

"可以这样说……要知道桃源不必一定和现实隔离开来,正如同现实主义,并不离弃浪漫主义,现实和理想需要互相作用的……"

"哟!理论家又来了!"李声韵笑起来。

"你们看见有一天报纸的副刊上登过一篇文章吗?题目叫《灵魂之所在咖啡室》,说在马德里有一家《太阳报》,报馆里有一间美丽的咖啡室,专门供接待宾客及同事之用的,四壁都是壁画,上面画了五十九位欧洲古今的名人,有王侯,有文学家,有科学家和艺术家。而每一个人物都能表现出他自身的个性和精神。这些生动的壁画,可以使它的看客沉缅于这万世不朽的、人类文化所寄托的境界,顿起追崇向上之心。你们看,我们的灵魂难道不需有这样一个美丽的所在吗?"萧红说得动情,仿佛一间精致的咖啡室已经跃然出现在眼前了。与一众志同道合的好友相聚于一方舒适安闲的小天地,对于半生颠沛流离的萧红来说,实在是可望而不可及的美梦。

休息了片刻,萧红轻声地继续说:"中国作家的生活是世界上第一等苦闷的,为作家调剂一下这苦闷的,还得我们自己动手才成啊!"

"我完全赞同!好,我们现在到'美的'去安顿一下我们的兴奋的灵魂吧。"孔罗荪提议道。

"不,现在很累,我还想在这里休息一下。"萧红和李声韵同时说道,现在她们都只想懒在沙发上享受这短暂的宁静时光。

在"文协"住了不到一个月,买到船票的好消息就传来了。这次,李声韵和萧红同行,两人本就很谈得来,这样在路上既能有照应,又不会感到寂寞,想来也算是颠沛中的一点点值得高兴的事。

然而,这场旅途却注定一路坎坷。李声韵在途中突然生病咳血,这让本就因为怀孕行动不便的萧红手足无措,好在在船上遇见了《武汉日报》副刊编辑段公爽。在段公爽的帮助下,两人提前在宜昌下船,李声韵被送到宜昌的医院救治,安顿好李声韵后,萧红只好从宜昌独自找船上路。

当天,萧红挺着接近九个月的肚子,手中提着沉重的行囊,天还没亮就独自一人走到码头找船。当时天色很暗,萧红步伐沉重,一不留神就被码头上的缆绳绊倒,仰倒在地上。

萧红想要起身,却发现手臂上一点力量都没有,根本就撑不起沉重的身体。她想要呼救,但是当时天还没亮,四下无人,她只好重重地喘着气,仰面望着沉郁的墨色天空,自我安慰地想着:

"天就要亮了,会有一个警察走过来的吧!"但转念又想到:"警察走过来一定有许多人围着,那像什么样呢?还是挣扎起来吧!"

然而,她始终还是没能挣扎得起来,于是就这么仰面躺着,承受着九个月大的胎儿的重量。周遭是长江氤氲的水汽和九月份微凉的清风,余下的,就是无限的寂寥,然而在这寂寥中,萧红并没有感到多么的无助,反倒是有几分轻松。

就这样安静地、无人打扰地躺在地上,竟然是前所未有的舒适。当然,这份舒适是来自于精神上的,她难得地在疲于奔命的几年里独自一人整理着思绪。童年的后花园,中学时代的无忧岁月,离家之后无休止的奔波……都在脑海中化作薄雾消散,纵使在那些纷繁的岁月里,她未曾像现在这样一个人奔波跋涉,但却始终胜似一个人,因为与这凉薄的世界战斗的,从来都只是她一人而已。

有那么一瞬间,她觉得如果就这样安然地死去,对自己这支离破碎的一生来说,或许是个不错的结局。后来,萧红在香港向骆宾基提起这件事的时候,说自己当时想着:"然而就这样死掉,心里有些不甘似的,总像我和世界上还有一点什么牵连似的,我还有些东西没有拿出来。"

的确,在这世界上她还有牵挂,她还有未竟的事业。她必须继续战斗下去,为了心中那团持续燃烧的火,为了将那团火变成纸上的故事,她必须继续奋斗下去,哪怕是孤身一人。

于是,她就那样一动不动地等着,终于在迷迷糊糊中等到天亮,一位路过的行人将她扶了起来,她才拍拍身上的尘土,继续上路。

第十八章 ※ 孤独辗转 无枝可依

第十九章

嘉陵江畔　短暂安宁

❋　❋　❋

　　一个钟头看着这样我从来没有看过的天空,看得疲乏了。于是,我看着桌上的台灯,台灯的绿色的伞罩上还画着菊花,又看到了箱子上散乱的衣裳,平日弹着的六条弦的大琴,依旧是站在墙角上。一样,什么都是和平常一样,只有窗外的云,和平日有点不一样,还有桌上的短刀和平日有点不一样,紫檀色的刀柄上镶着两块黄铜,而且还装在红牛皮色的套子里。对于它,我看了又看,我相信我自己决不是拿着这短刀而赴前线。

——《茶食店》

※ ※ ※

一九三八年九月中旬，经历两天的跋涉，萧红终于抵达重庆。

先一步到重庆的端木已经在内迁的复旦大学新闻系任教，并且还与复旦大学教授靳以合编了《文艺战时旬刊》，在教务处长孙寒冰的帮助下，端木住进了复旦大学的单身宿舍。萧红来重庆时，宿舍已经住满，而她作为一个孕妇也实在不便，端木就安排萧红住进朋友范世荣家。

萧红在范世荣家住了一段时间，随着产期越来越近，很需要人照顾。她与范家人并不熟悉，也适应不了这样的生活，就搬到位于江津的罗烽家，由白朗照顾她。

这期间端木很少来看望她。产期越近，萧红就越发沉默，她和白朗在一起的时候也很少像以前那样健谈，有时白朗会问起她和萧军分手后的生活，然而萧红也避而不答。显然，新的生活乏善可陈，只不过是一个人承受命运不断抛来的厄运罢了。

有时候萧红会变得暴躁易怒，甚至会因为一些不值一提的小事和白朗争吵起来，而后又在恢复理智时突然地说道："贫穷的生活我厌倦了，我将尽量地去追求享乐。"然而，这样报复性的想法也只能停留在语言上，无法变成现实。

苦闷、抑郁的情绪像一汪墨色的水盘踞在萧红的眼睛里，像重庆的浓雾一样笼罩在她的周身，任谁也不能解开。

十一月，萧红在江津的一家私人医院生下一名男婴，孩子长着和萧军一样的低额头、四方脸。白朗则一直在身边悉心照料，但三天后，白朗照常来看望萧红时，却发现她身边的孩子不见了。萧红冷静地告诉她，孩子死了，夜里抽风死的。不只是白朗，连医院的医生护士都很吃惊，因为一个孩子就这么不明不白地消失了，任谁都会心生疑虑。但当大家想继续追问下去的时候，萧红却显得很冷淡，脸上也没有过多悲伤的神色，只是淡淡地说："死了就死了吧，这么小一个孩子要活下去也真不容易。"

此后，这个孩子就成了萧红人生中的另一个谜团，很多人揣测孩子并不是抽风死了，而是萧红再一次将孩子送给了别人，更有人猜想说是她自己将孩子捂死了。历史的真相我们不得而知，但白朗曾和梅志说过，萧红在产前心情很好，不但细心地做了自己的衣服，还给孩子做了小衣服，显然是沉醉在做母亲的幸福中的。萧红是个内心柔软的人，她不大可能用这样狠毒的手腕来对待自己的亲生骨肉。

至于她从喜悦到淡漠的心态上的变化，也许是因为孩子脸上过多地印刻着萧军的痕迹，让她难以避免地陷入那些不堪回首的记忆中去；也许是考虑到看不到希望的未来；也许是想到端木看到这孩子后必然会心生厌恶的情绪……她究竟经过了怎样的苦痛和挣扎，只有她自己知道。

总之，萧红就这样再一次结束了做母亲的责任。

萧红体力恢复之后，不便在白朗家多加打扰，便搬到了重庆的米花街胡同和鹿地亘夫妇同住。

年底，胡风夫妇抵达重庆，住在一间小旅馆里。半个月后，梅志生下一个女儿。一天，梅志正在屋里给孩子缝衣服，忽然房门开了，她抬头一看，萧红身穿一件十分合体的黑丝绒长旗袍站在门口，显得十分高贵清雅，她手上还拿着一株一尺多长的红梅，脸色也像梅花白里透出点淡淡的红色，一时间整个屋子都飘满了梅花的清香。

梅志看到许久不见的好友，高兴极了，连忙拉着她的手进屋。萧红进屋后看到梅志刚出生的小孩，逗弄着觉得甚是可爱。这时梅志想到两人怀孕的时间差不多，便问道："你的孩子呢？一定很大了吧？"

"死了，生下三天就死了！"萧红有点凄然地回答道。

梅志大吃一惊，急忙问道："怎么会死的？是男孩还是女孩？"

"是男孩，唉！死了也好，我怎拖得起呀……"停了一会儿她又接着说，"我一个人到码头上赶船就跌了一跤，当时我心想，孩子呀，孩子呀！你就跌出来吧！我实在拖不起了，我一个人怎么把你拖大！可是他啥事也没有……"

梅志本想问为什么她会一个人赶路，端木去哪里了？但害怕又问到什么不该问的事，就顺着萧红说："一点不错，做女人太不幸了，我为了生这女儿，坐着滑竿跑了大半个城，也没有医院肯收我，都回绝说没床位，我们说自己买帆布床来，也不答应。还是一个江苏医院的同乡人，同情我，叫我回旅馆，她来接生。你看这还不是顺利生下了，三天了，谁知将来会怎样？但是吃再大的苦，我得把他们带大！"

梅志说着，再一次地仔细地打量着萧红说："你倒比过去胖了，精神也好，穿上这衣服可真漂亮。"

萧红笑着说："我自己做的，这衣料，这金线，还有这铜扣子，都是我在地摊上买的，这么一凑合不是成了一件上等的衣服了吗？"

梅志细细打量萧红的那件旗袍：金线沿边钉成藕节花纹，盘在上面的铜扣被擦得锃亮，映衬得衣服光彩夺目，人也变得更有神采了。看样子像是走出了悲哀的情绪。

不久后，胡风夫妇搬到新的住处，萧红也随端木来到歌乐山云顶寺的一间空房居住。搬家后，萧红经常来看望梅志和孩子。

有一次，萧红照常到胡风家，一进屋就在竹制的圈椅里坐下，由于梅志住在三楼的阁楼，楼梯陡峭，萧红很费力地爬上来，气喘吁吁的。梅志为她倒了茶，眼看着她满脸红潮，气紧得很，有点担心她身体吃不消。

梅志与她聊天的时候，想起来远在兰州的萧军刚刚寄过信给他们，信中还附带了一张照片——原来，萧军和萧红分手几个月后，就与一位名为王德芬的姑娘结婚了，而寄给胡风夫妇的照片正是他们的结婚照。

照片上，萧军和新婚妻子双双坐在一处山石上，身边还有一只狗，从照片上可以看出姑娘很年轻、很健康，也很漂亮。萧军的信里也洋溢着幸福之情。

梅志觉得萧红和萧军既然已经各自成家，想必都已经对过去的事有所释怀，心里出于对萧军的祝福，她从抽屉里找出萧军寄来的信和那张照片给萧红看，并告诉她，萧军已经结婚了。

萧红仔细地看了信，也看了照片，看了正面又看反面。照片反面写着："这是我们从兰州临行前一天在黄河边'圣地'上照的，那只狗也是我们的朋友……"她手里拿着照片一声不响，脸上也毫无表情，刚才的红潮早已褪了，现出白里透青的颜色，像石雕似的呆坐着。

看到萧红的表情，梅志很后悔，甚至有点惊慌，她没想到萧红会有这么强烈的反应，更没想她对萧军还有这么深的余情！这张照片给她带来了不小的打击，她的失望、难过、痛苦，像直接写在了脸上一样明显。

后来她像是醒过来了，仍旧没有做任何表示，只是说："那我走了，同胡风说我来过了。"

然后就像逃避什么似的匆匆地走了。

此后，萧红便很少去梅志家，可能是害怕再提及伤心事吧。

萧红和端木在歌乐山住了一个春天。这里的景色很美，周遭安静，只是交通非常不便，上下山还要坐"滑竿"。

萧红在她当时创作的散文中曾描述过歌乐山的风光和坐滑竿的经历。

就快走上高坡了，一过了前边的石板桥，隔着这一个山头又看到另外的一个山头。云烟从那个山头慢慢的沉落下来，沉落到山腰了，仍旧往下沉落，一道深灰色的，一道浅灰色的，大捆的游丝似的缚着山腰。我的轿子要绕过那个有云烟的尖顶的山。两个轿夫都开始吃力了。我能够听得见的，是后边的这一个，喘息的声音又开始了。我一听到他的声音，就想起海上在呼喘着的活着的蛤蟆。因为他的声音就带着起伏，扩张，呼煽的感觉。他们脚下刷刷的声音，这时候没有了。伴着呼喘的是轿杆的竹子的鸣叫。坐在轿子上的人，随着他们沉重的脚步的起伏在一升一落的。在那么多的石级上，若有一个石级不留心踏滑了，连人带轿子要一齐滚下山涧去。

因为山上的路只有二尺多宽，遇到迎面而来的轿子，往往是彼此摩擦着走过。假若摩擦得利害一点，谁若靠着山涧的一面，谁就要滚下山涧去。山峰在前边那么高，高得插进云霄去似的。山壁有的地方挂着一条小小的流泉，这流泉从山顶上一直挂到深涧中。再从涧底流到另一面天地去，就是说，从山的这面又流到山的那面去了。同时流泉们发着唧铃铃的声音。山风阴森的浸蚀着人的皮肤。这时候，真有点害怕，可是转头一看，在山涧的边上都挂着人，在乱草中，耙子的声音刷刷地响着。原来是女人和小孩子们在收集着野柴。

这几个月里，端木一边写作一边在复旦大学上课，萧红也终于有了些时间和精力继续提笔创作。在这里萧红还认识了一些保育员的小朋友，其中有一个叫林小二的，萧红对他印象很深，还专门为他写了篇同名散文。此外，萧红还创作了散文《滑竿》《长安寺》，短篇小说《山下》《莲花池》等作品。

当时，远在香港的诗人戴望舒写信邀请端木写部长篇小说在他们的报纸上连载，端木应邀开始创作小说《大江》，并在《星岛日报》上转载，同时还有《新都花絮》在《大公报》上连载。随后，萧红的小说《旷野的呼喊》也开始在《星岛日报》上连载。

第十九章 ※ 嘉陵江畔 短暂安宁

然而，歌乐山虽然环境好，但毕竟距离端木工作的地方太远，坐船很危险，坐汽车又不容易买到票，所以端木向学校申请了新的住处。随后，学校将两人安排到嘉陵江畔的黄桷镇，那里也是复旦大学的苗圃。

五月，两人搬到新居，新居是一座两层的小楼，萧红和端木住在楼下，端木的同学兼同事靳以住在楼上。

孙寒冰得知萧红是跟随端木一同搬来的，并且身体状况也不错，就到家里来看望萧红，还邀请萧红到复旦大学授课，但没想到，萧红一口回绝了。端木不知道缘由，也没有帮腔，怕对方太下不来台，只好说回去再同她商量一下。

孙寒冰走后，端木问及原因，萧红解释道："我怎么能去教书？教书必须得备课，还要把讲义编好。这和写小说散文不一样。讲课时间长了，就会变成'学究'，要搞创作也只会写'教授'小说了。有人写小说，就有学究味儿，我不教书，还是自由自在地搞我的创作好。有人巴不得到大学去教书呢，我可不稀罕什么教授头衔。"

端木笑着说："不去就不去吧，干吗把矛头对准'在下'呢？"

萧红怕端木想多了，赶紧说："我现在是教授家属，否则连住的地方还没有呢！"

端木觉得萧红性格就是如此，崇尚自由，受不了拘束，也不好强求，就不再提起教课的事了。

萧红和端木真正生活在一起之后，两人之间的矛盾也就日渐显露出来。端木作为一个从小在家里娇生惯养的大少爷，对于日常生活里柴米油盐这样的事情一窍不通，甚至不屑理会，所以家务的重担又全落在萧红一人身上。住在他们楼上的靳以就曾说过：

> 有一个时节她和那个叫作D（端木蕻良）的人同住在一间小房子里，窗口都用纸糊住了，那个叫作D的人，全是艺术家的风度，拖着长头发，入晚便睡，早晨十二点钟起床，吃过饭，还要睡一大觉。在炎阳下跑东跑西的是她，在那不平的山城中走上走下拜访朋友的也是她，烧饭做衣裳是她，早晨因为他没有起来，拖着饿肚子等候的也是她。

有一次，端木和邻居的一个四川女人发生口角，竟然出手打了对方一拳，打了人之后就躲起来了。人家只好来找萧红讨说法，萧红后来很生气地和靳以抱怨道："你看，他惹了祸叫我来收拾，自己关起门躲了起来，怎么办呢？不依不饶地在大街上闹，这可怎么办呢？"

没有办法，她也只能出面帮端木收拾烂摊子，到镇公所回话，又带着那人到医院验伤，最后只得赔钱了事。

结婚之前，端木一直都对萧红的创作表示欣赏，但婚后的态度却大不如从前。端木很不喜欢萧红总是写一些回忆性的散文，他觉得那些东西很无聊，不够大气。

有一次，靳以到楼下闲坐，当时萧红正在为鲁迅先生去世三周年写一些回忆性的文章，看到萧红在埋头写作，便问道："你在写什么文章？"

"我在写回忆鲁迅先生的文章。"萧红答。

一旁的端木听了，便有些轻视地问道："你又写这样的文章，我看看，我看看……"

读了几句之后又嘲讽道："这也值得写？这有什么好写的？"

萧红听了端木的话很不高兴地说："你管我做什么？你写得好你去写你的，我也害不着你的事，你何必这样笑呢？"

自从和端木一起生活后，萧红和原来的朋友们来往越来越少。她也是和萧军分手后才意识到，原来这些朋友都是因为萧军她才能够结识，而多数人在两人分手后也自然而然站在萧军那一头，这让萧红感到自己作为一个女人，只能成为附庸的悲哀，索性就更不爱和大家来往了。

当时胡风也在复旦大学授课，所以他们一家几乎同时和萧红夫妇搬到了黄桷镇上，并且两家住得并不远。但自从上次在胡风家看到了萧军的结婚照，萧红也很少再到胡风家走动了。

黄桷镇每月的二、五、八号都有集市，因为复旦大学校址距离镇上还有一段距离，一到了赶集的日子，复旦大学教职工的太太们大多会到镇上买些吃的用的以备日常之需。

有一次，梅志在集市上遇见了萧红，她不是在菜摊上挑选蔬菜，而是跟着家里的保姆在杂货摊那边选购日用品。保姆手里提着砂锅、铁锅之类，萧红空着手，保姆要什么她就打开皮包付钱，也并不提什么意见，看那样子似乎只想快点买完快点离开。梅志远远地看着她，觉得萧红俨然变了一个人，她神情淡漠，看起来也没有什么精神，觉得她或许日子过得并不舒畅，就没有上前打招呼。

又过了大约一个月，梅志去小学校接孩子放学。经过一段小溪沟，下坡再上坡，爬到上面正好是大学的操场。梅志经过操场时看到篮球架旁站着一个女人，穿着蓝底白花旗袍，不像是女同学，细看之下，竟是萧红。她一个人站在那里望着远处的青山和将消失的红霞，似乎在沉思，梅志想着她是被这美丽的景色打动了，猜想她正在作诗。她不想惊动萧红，想从她身旁斜穿过去，但是萧红转过头，正和她打了个照面，她只好停住了脚和萧红打了个招呼。

"你住在这里吗？"萧红问道。

"我就住在溪沟那边的坝子上的老乡家，怎么样？你稍等一会儿，我上街去接孩子，回来领你一道去我家坐坐。"梅志热情地说道。

萧红犹豫了一下说："不了，下次吧，下次我会去看你们的。"

梅志要去接孩子，只好和萧红告别，回来再次经过操场时，萧红已经不见人影。

虽然一边操持家务一边写作的生活状态和以前没有什么太大的区别，但好在经济压力不大，也没有让人烦忧的情感问题。萧红因为知道这样的生活也不可能长久，所以对每一天都格外珍惜，全身心地投入到创作中去，心中构思已久的《呼兰河传》也得以开始落笔。

只是她的身体情况一直不太好，经常咳嗽，像是患了肺病。大大小小的疾病对萧红而言已经是家常便饭，她并没有当作大事在意，况且虽然她与端木都有收入，但要想治疗好这一身的病痛也还是难以支撑的。

自一九三九年夏天开始，日军频繁轰炸重庆，目标尤其对准了萧红等人居住的北碚。据说那里有个军火库，就在他们居所附近，这个军火库就像个定时炸弹一样，随时可能对他们产生威胁。

当时，重庆已是满目疮痍，萧红亲眼目睹着当日上海、武汉一样惨烈的境况。

大瓦砾场一个接着一个，前边又是一群人在拉着断墙，这使人一看上去就要低了头，无论你心胸怎样宽大，但你的心不能不跳，因为那摆在你面前的是荒凉的，是横遭不测的，千百个母亲和小孩子是吼叫着的，哭号着的，他们嫩弱的生命在火里边挣扎着，生命和火在斗争。但最后生命给谋杀了。那曾经狂喊过的母亲的嘴，曾经乱舞过的父亲的胳臂，曾经发疯对着火的祖母的眼睛，曾经依然偎在妈妈怀里吃乳的婴儿，这些最后都被火给杀死了。孩子和母亲，祖父和孙儿，猫和狗，都同他们凉台上的花盆一道倒在火里了。这倒下来的全家，他们没有一个是战斗员。

白洋铁壶成串的仍在那烧了一半的房子里挂着，显然是一家洋铁制器店被毁了。洋铁店的后边，单独的三楼三底的房子站着，它两边都倒下去了，只有它还歪歪裂裂的支持着，楼梯分做好几段自己躺下去了，横睡在楼脚上。窗子整张地没有了，门扇也看不见了，墙壁穿着大洞，相同被打破了腹部的人那样可怕的奇怪的站着。但那摆在二楼的木床，仍旧摆着，白色的床单还随着风飘着那只巾角，就在这二十个方丈大的火场上同时也有绳子在拉着一道断墙。

尽管战况不容乐观，但端木和萧红在前期仍埋头于写作。有时候警报声震天作响，两人却因为太投入于工作而置若罔闻，直到友人来敲窗提醒，才夹着稿子一起避难，一旦到了避难的地方，也是拣个合适的地方继续写东西。

那段时间，萧红的肺病症状已经初显，咳嗽的毛病日渐严重，在这样艰险的环境里实在无法继续生活。十二月，她与端木商量着离开重庆避难。

端木提议到桂林，因为当时艾青等很多相熟的朋友都已经到桂林去了，他们现在过去比较好安置。但萧红不同意，她认为桂林接下来肯定也难逃被轰炸，到时候又要继续撤退，不如直接找个更安全的地方。萧红想到两人都有作品在香港的报刊上连载，不如直接到香港去，那里也相对安全一些，端木表示赞成。

决定去向后，两人便找到了《新华日报》的副总编华岗商量，问问他的意见。华岗表示，香港的文化阵地正是需要人才的时候，又分析了目前的战局，也赞成他们到香港去。随后华岗同端木跟复旦《文摘》社的人交代了一下工作问题，并托中央银行的职员袁东衣帮忙买了飞往香港的机票，因为害怕知道的人太多会遭到当局阻挠，他们并没有将要去香港的事通知其他人。

就这样，萧红和端木这两个来自中国最北方的漂泊者，将跋涉的脚步转移到他们的最后一站——香港。

第二十章

北雁南飞　归途渺渺

❋　❋　❋

　　不知为什么，莉，我的心情永久是如此抑郁，这里的一切是多么恬静和幽美，有田，有漫山漫野的鲜花和婉转的鸟语，更有澎湃泛白的海潮，面对着碧澄的海水，常会使人神醉的，这一切不都正是我以往所梦想的佳境吗？然而呵，如今我却只感到寂寞！在这里我没有交往，因为没有推心置腹的朋友。因此，常常使我想到你。莉，我将可能在冬天回去。

——《致白朗（一九四〇年春）》

❋ ❋ ❋

一九四〇年一月十九日，萧红与端木蕻良离开重庆，乘飞机抵达香港。

两人到港后，在九龙金巴利道纳士佛台租了一间房子，房子朝南，空间很大，还带一个很宽敞的阳台，阳光明媚，空气清新，对萧红调养身体也大有帮助，两人对新的住处很满意。

就在两人刚刚安顿下来时，戴望舒竟然亲自找了过来，萧红夫妇与戴望舒素未谋面，但是接触之后发现很谈得来。几人一起吃了饭，戴望舒带着萧红和端木来到他的住处

他的居所在薄扶林道香港大学网球场对面的山坡上，是座背山临海的三层小楼，房子四周树木环绕，房后溪水淙淙，远处还隐约可见一线瀑布，景致清雅怡神，看了让人流连忘返。这里同住的左邻右舍都是香港文化界的知名人士，戴望舒还专门给居所取了个名字叫"林泉居"。

萧红和端木特别喜欢这个地方，戴望舒极力邀请他们搬过来同住。一方面大家聚在一起也方便互相交流、学习；另一方面这里的环境极其适合文学创作，对萧红和端木来说再适合不过。

萧红夫妇本来已经接受戴的邀请，但端木的风湿病突然发作，行动极为不便，一时间没办法搬家，且"林泉居"位于山坡上，端木来回走路也不方便，因此搬家的事就暂且搁置了。

没过多久，孙寒冰来港处理公务，告诉端木，大时代书局隔

壁的一间房子空出来了，就在他们现在居住的金巴利道纳士佛台，他们可以搬去住。当时端木正参与编辑《大时代丛书》，到那里居住对工作很是便利，于是两人便欣然搬了过去。

新的住处是一个不到二十平米的房间，屋里放了一张大床和一张大写字台，两人还用省下来的房租雇了一个钟点工，每天来打扫卫生。

初到香港的生活还算宁静，萧红和端木都忙于自己的工作，家务有保姆料理，日常里也没有什么矛盾发生，他们每天大多数的时间都是对坐在写字台前专心写作。

二月五日，中华全国文艺界抗敌协会香港分会在大东酒店为萧红和端木举办欢迎仪式，四十多名文艺界人士参加。通过这次声势浩大的欢迎会，香港文化界也都悉知了两人的到来，此后很多的社会活动都会邀请两人参加。

三月三日晚，萧红应廖梦醒之邀参加坚道养中女子中学举行的主题为"女学生与三八妇女节"的座谈会。《大公报》的栏目"学生界"邀请端木等人担任"每周创作研究"内容的指导。四月，端木和萧红参加了香港文协第二届年会，并且正式加入香港文协，端木还被选为候补理事，和施蛰存一起负责文化研究班的工作。此外，端木还应邀参加了岭南大学组织的"文艺社"，和大家共同探讨抗战文艺的问题。

萧红不喜欢生活里有过多的应酬和交际，但是盛名之下又不得不将自己置身于人群中去。很多时候，她只能在忙碌的活动中挤出时间来创作，甚至经常熬夜。香港的生活虽然富足充实，但

她仍然十分怀念在重庆那段平静安闲的日子,她在写给华岗的信中就说过:

> 我们虽然住在香港,香港是比重庆舒服得多,房子、吃的都不坏,但是天天想回重庆,住在外边,尤其是我,好像是离不开自己的国土的。香港朋友不多,生活又贵。所好的是文章到底写出来了,只为了写文章还打算再住一个时期。

从萧红的字里行间就能看出,她来香港只是为了躲避战乱,她的心仍然向往着内地,而战争结束后回内地生活也成了她来港之后最大的心愿。

六月,香港文协筹办纪念鲁迅先生诞辰六十周年大会。《大公报》的主编杨刚找到萧红,表示协会要写一出纪念鲁迅先生的戏剧,希望萧红能来执笔创作剧本。因为萧红在中学时代就参演过话剧,后来在"星星剧团"还出演过女主角,在西安又与朋友们共同创作过话剧《突击》,最重要的是,萧红是这群人中和鲁迅最熟悉的,对于鲁迅的真实生活和个性比别人都要了解,所以由萧红创作这出剧目最合适不过,只有她才能形象地将鲁迅先生搬上舞台。

但是萧红害怕自己难当重任,很是犹豫。端木想到自己在南开中学上学时见过国外戏剧大师的哑剧表演,就建议萧红尝试写哑剧,萧红提供素材,自己可以帮忙起草大纲。于是在端木的帮助下,萧红两天就完成了剧本的创作,并最终将剧本命名为《民族魂》。

八月三日下午,"纪念鲁迅先生六十生诞纪念会"在香港加路连山孔圣堂举行。活动分为木刻展览、纪念大会和纪念晚会三个部分。鲁迅先生生前酷爱木刻艺术,本次木刻展览展出了近百幅木刻,还有宣传抗日、木刻刊物和私人收藏的木刻数十种。纪念大会与会者三百余人,由许地山致开会辞,萧红做鲁迅先生的事迹报告,一些作家朗诵鲁迅先生的作品。纪念会在晚上举行,主要上演了由田汉改编的话剧《阿Q正传》,以及由萧红创作、徐迟等人改编的哑剧《民族魂》等,戏剧一经上演就受到了广泛的好评。《民族魂》演出结束后,萧红还激动地跑上台和演员握手拥抱,为他们认真演出自己的作品表示感谢。

与此同时,萧红的长篇小说《呼兰河传》已经初见雏形,只是当时还没有正式命名。有一天,萧红和端木像往常一样对坐着写稿,萧红写累了偶尔抬头,正好碰上端木的目光,他目视着萧红,像是在沉思的样子,萧红问道:"你看什么呢?"

"我什么也没看啊。"端木回过神来回答。

"你坏!你明明盯着看我来着!"

"我自己的老婆还不让看啊?"

"我不和你面对面坐着写东西了!"萧红佯装着恼怒的样子要把书稿搬走。

"别搬别搬,我不看你还不行?"端木连忙说,"我在想,你这部长篇应该取你家乡一条河做名字,什么'泥河''土河'都不合适!"

"我家是呼兰县,县里有一条河,叫呼兰河。"

"好！你这部长篇，就叫《呼兰河传》。从你童年写起，就像呼兰河一样涓涓流过，你跟着这涓涓流水成长……多美！"

"好，就叫《呼兰河传》！"两人就这样一拍即合地确定了新小说的名字。

九月一日，萧红创作生涯中最著名、影响最大的长篇小说《呼兰河传》开始在《星岛日报》副刊《星座》上连载。当时，内地抗日战争战况激烈，香港的抗日情绪也很高涨，而作为著名的左翼作家，萧红的最新长篇中却一点没有提及抗日的事，都是一些关于乡村生活的旧事，因此当时学界对这部小说的评价一直不高，杨刚甚至在作品发表前就曾写过一篇名为《反新式风花雪月——对香港文艺青年的一个挑战》的文章中提出不要一味地写思念故乡的作品。然而萧红还是笔耕不辍地写下了这部作品，并在当年的十二月二十七日全部连载完毕。

萧红在《呼兰河传》里描绘的世界是这样的：

春夏秋冬，一年四季来回循环地走，那是自古也就这样的了。风霜雨地，受得住的就过去了，受不住的，就寻求着自然的结果。那自然的结果不大好，把一个人默默地一声不响地就拉着离开了这人间的世界了。

《呼兰河传》和《生死场》一样，结构松散，且没有单一的核心人物，萧红着眼于大地、自然和人本身，在一段段散碎的童年故事里将中国人的国民性展现在世人眼前。

萧红反对战争，厌恶战争，但她又和萧军、丁玲不同，她不是那种有力量拿着刀枪奔赴前线勇敢杀敌的人。战争的确将人的丑恶和残忍展现得淋漓尽致，但萧红自小就看到人性的残忍。早在她的童年时代，周围人的冷酷麻木就已经在她的心灵上播种下晦暗的种子，命运的残酷和生活的苦难画面无需战争来再一次向她说明。萧红的故事里没有战争，却字字句句都是人与人之间的战争，比起歌颂英雄，她更关注远离英雄光环的平凡人，因为他们更接近于历史的真实。

萧红去世多年后，茅盾在《呼兰河传》的序言中写道：

> 也许有人会觉得《呼兰河传》不是一部小说。
>
> 他们也许会这样说，没有贯串全书的线索，故事和人物都是零零碎碎，都是片段的，不是整个的有机体。
>
> 也许又有人觉得《呼兰河传》好像是自传，却又不完全像自传。
>
> 但是我却觉得正因其不完全像自传，所以更好，更有意义。
>
> 而且我们不也可以说：要点不在《呼兰河传》不像是一部严格意义的小说，而在于它这"不像"之外，还有些别的东西——一些比"像"一部小说更为"诱人"些的东西：它是一篇叙事诗，一幅多彩的风土画，一串凄婉的歌谣。
>
> 有讽刺，也有幽默，开始读时有轻松之感，然而愈读下去心头就会一点一点沉重起来。可是，仍然有美，即使这美有点病态，也仍然不能不使你眩惑。

而正是萧红这份真实的赤子之心，才能让这部作品在历史的重重洗刷后，仍能紧扣住一代代读者的心弦。

十一月，萧红和端木结识了香港"国兴社"的社长胡愈之，在胡愈之的介绍下，两人和江北民主运动活动家周鲸文相识。周鲸文是香港著名刊物《时代批评》杂志的创办人，也是时代书局的主人，在香港文化界的影响力颇大。

周鲸文是哈尔滨人，与萧红是同乡，对于萧红从前的经历有所耳闻，很佩服她的魄力，更欣赏她的文学天赋。十一月的一天下午，萧红和端木到《时代批评》办事处拜访周鲸文，周对二人的印象都很好，萧红面貌清秀，性格爽朗，端木举止斯文，聪明。

作为东北人，周鲸文性格豪迈，很讲义气，对周围的同乡、朋友都非常照顾。他早就读过萧红和端木的作品，觉得两人很值得信赖，亦是可塑之才，便邀请两人在自己的刊物上发表作品，同时还希望端木能和他一起合作创办新刊《时代文学》。

因为当时香港有大批从内地来避难的文学家、艺术家，大家都希望能有这样一份刊物来做他们的文学阵地，所以端木和萧红非常感激周鲸文的帮助。此外，周鲸文还希望萧红能够帮助筹建《时代妇女》杂志，但萧红本来身体就差，又不喜欢被束缚，便拒绝了。后来周鲸文表示，只让萧红挂名，其余的事务让别的编辑做就可以了，但是萧红觉得这样做很不坦诚，没有同意，这件事也就不了了之了。

端木曾说过，创作是萧红的宗教。除去写作之外的事情，萧红似乎都不太感兴趣，在香港好不容易有了相对稳定的生活，萧红将全部的精力都投入到写作中去,《呼兰河传》一完结,就立刻开始了新小说的创作。

一九四一年一月,萧红的新作长篇小说《马伯乐》第一部作为"大时代丛书"中的一本由时代书局出版。二月一日,《马伯乐》第二部在香港《时代批评》杂志第六十四期开始连载。

与萧红以往的作品不同,《马伯乐》是一部以同名人物为单一核心人物、具有讽刺意义的社会小说,并且故事背景发生在城市。这部小说的问世意味着萧红创作风格的转变,她用讽刺、幽默的手法塑造了马伯乐这个在文学史上少有的市井小人物形象。萧红本人对于这部作品有着很宏大的构想,也对作品的反响寄予厚望,只可惜终究还是没能完成。

端木一边忙于《大时代丛书》的编辑,一边还要筹办《时代文学》杂志,显然疏忽了对萧红的照顾,而萧红一写起文章来就容易太过忘我,以至于熬夜太久,开始发烧、咳嗽。端木不会照顾人,只买了体温计量了体温,又劝说萧红按时吃药,然而萧红觉得并不是什么严重的问题,也没有过多在意。

刚进二月,因为原来的住所要整修,所以萧红和端木不得不再次搬家,搬进位于尖沙咀乐道八号时代书店二楼的一间房子里。房子比原来更小一些,陈设倒是没什么变化,两人还像原来那样对坐着工作。

二月下旬,美国女记者艾格尼斯·史沫特莱同夏衍等人抵达香港,香港文协在思豪大酒店为他们举行了欢迎仪式,萧红作为主持人,向他们致辞欢迎。

不久后，史沫特莱到萧红家拜访，看到两人的居住环境非常惊讶，当即说道："你们这两位大作家，竟然住在这么小的一间房子里，太不可思议了！这怎么能生活？还能创作作品？"

说罢，史沫特莱又拉着萧红的手细细端详着说："瘦了，比我见到你的时候瘦多了！不过，更美丽了！更美丽了……"

端木看到史沫特莱对萧红很关心，就说了她不好好休息还不好好吃药养病的事，她听了皱着眉头说："这怎么可以？健康是最主要的，特别是战争时期，我这次回美国，就是为了治病。"随后就邀请萧红搬到她所住的玫瑰谷去，那里是香港主教罗纳德·霍尔的居所，环境很好。

萧红不太想去，端木便劝说道："不妨先去看看，合适就住几天，不合适就回来嘛。"

然而此时萧红心里却还记挂着端木，怕他照顾不好自己。最后端木百般保证会照顾好自己，萧红才放心地跟史沫特莱搬进了玫瑰谷。

萧红在玫瑰谷住了大约一个月的时间，尽管那里生活条件比自己乐道的小屋要好得多，但是萧红心里始终惦念端木，并且也总想着自己的创作。然而端木却极少主动联系萧红，过了一个多星期才到玫瑰谷去看望她。再次见到萧红时，她的气色的确比原来好了很多，脸色白里透红，手心也是温热的。

四月中旬，茅盾夫妇抵达香港，萧红听说后很高兴，从玫瑰谷搬回了乐道八号住所，并在与二人见面时，提议一起搬到新加坡居住，但是茅盾夫妇并没有这个打算，这个计划也就作罢了。萧红之所以会提出这个想法，是因为史沫特莱预感到香港未来可能不会像现在这么安全，便一直建议他们提早撤退到新加坡去。

五月，史沫特莱要离开香港回美国养病，临行前与萧红夫妇告别，并且一再叮嘱萧红到玛丽医院看病，不要耽误了病情。萧红则拿出一本《生死场》的单行本，提了字交给她，请求她将自己的作品送给美国作家辛克莱。当年六月，萧红就收到了辛克莱表示感谢的回信。

六月初，经过紧锣密鼓的筹备，《时代文学》第一期终于发刊了，创刊号上刊登了史沫特莱的作品《这样微小的事》，端木拿到创刊号后立刻给她寄了过去。

《时代文学》发刊后，萧红最新创作的中篇小说《小城三月》发在了第二期上，但令人意想不到的是，这篇小说竟成了萧红生前最后创作的作品。

九月的一天，外面下着暴雨，端木照旧很晚才回家，进门后才发现门窗都没关好，窗帘被风吹得鼓起来，而萧红却正在这风雨中熟睡着。

端木摸摸萧红的额头，发现她有些发烧，立刻要给她量体温，但萧红一醒来却埋怨着说："你就赶快泡脚吧。十二点又过了，我们什么时候能在十二点以前上床呀？"

待到端木查看体温计的时候，才发现萧红已经发烧到接近三十九度了，他吓得赶快叫了车，并喊来了会说广东话的助手袁大硕，把萧红送进了玛丽医院。

端木带着萧红找到了史沫特莱介绍的那位医生，就诊很顺利，然而检查的结果却不太好，医生表示萧红患上了肺结核，肺部患处已经钙化，要治疗的话就需要把已经钙化的结核放开，再彻底治疗。萧红和端木同意医生的建议，便住进了玛丽医院的三等病房，由于霍尔主教提前和医院打过招呼，萧红的住院费有一定程度的优惠。

与此同时，东北流亡作家骆宾基抵达香港，但此时他身无分文，举步维艰，只得写信向东北同乡端木求助。端木了解情况后，将骆宾基暂时安排在《时代批评》的职工宿舍居住，为了帮扶他早日摆脱困境，端木还把自己在《时代文学》上面连载的小说《大时代》撤下，换成了骆宾基的作品《人与土地》。

萧红在玛丽医院住了大约两个月，觉得医院实在太闷，与一群病友住在一起，又不能专心写作，便向端木吵闹着要出院回家。端木没辙，且住院费也着实紧张，就将萧红接回了家中。

当时胡风也转移来了香港，之前胡风曾因为萧红和端木一声不响离开重庆的事非常生气，与他们产生了很大的隔阂，但是现在听说萧红病了，还是马上就来萧红家看望，此前的不愉快也没人再提起了。萧红看到胡风的时候想起当年创办《七月》时的场景，憧憬地说："我们办一个大型杂志吧！把我们的老朋友都找来写稿子，把萧军也找来。"说着，萧红神情淡漠了许多，接着说道，"如果萧军知道我病着，我去信要他来，只要他能来，他一定会来看我、帮助我的。"

许多年后当萧军听说这件事时，却表示自己并不会像萧红想象的那样不顾一切地来救她。英雄救美的故事只能上演一次，只可惜萧红再也成不了萧军故事里的女主角了。

十一月中旬，柳亚子因为在《时代文学》上发表诗歌而与端木相识，听说萧红的病情后很关注，所以亲自来看望。柳亚子给他们介绍了几位大夫，一个叫李国基，另一个叫黄大维，两人都挺有名气，但只是给萧红开了点药，他们都说主要是多休息。

然而萧红刚出院不久，病情再次加重，再次住进玛丽医院，并且这次住进了结核病病房。当时萧红和端木身上的钱所剩不多，周鲸文、柳亚子让她只管安心治病，治疗的费用由他们承担。

玛丽医院为了让肺结核病人能够呼吸到新鲜空气，把他们的病床统一安排在一个露天的平台上，并且采用当时比较先进的空气针疗法，萧红很不适应医院的治疗方法，且医院病人众多，医生护士的态度极为冷淡，端木又不常来照顾，她就更不想在医院住下去了。

刚入院不久，东北救亡协会香港分会负责人于毅夫来看望萧红，萧红向他诉苦说这里的医生护士不好好照顾病人，自己十分想回家，于毅夫在萧红的百般恳求下，无奈帮她办理了出院，送回家中。

周鲸文得知此事之后非常不满，他知道萧红在尖沙咀的住所条件非常差，对她的病情一点好处都没有。萧红出院第二天，周鲸文夫妇立刻到家中看望她，看到屋子里横七竖八的摆设和又老又旧的床，周鲸文很心疼，劝告萧红立刻回玛丽医院住院，并向她解释现在的环境对她的病情很不好，萧红听后同意了。当时《马伯乐》稿子已经发完，萧红告诉周鲸文，自己现在的情况没办法再写下去，希望他在杂志上发一篇启事告知读者。

周鲸文临走前嘱咐端木及早把萧红送回医院，还给他们留了一笔钱。

然而，住院的事情拖了几天，萧红还没来得及再次返回医院接受治疗，香港的局势却发生了翻天覆地的变化。

第二十一章

战火纷纷　无声告别

我将与蓝天碧水永处,留得那半部《红楼》给别人写了……

——萧红

❄ ❄ ❄

一九四一年十二月七日，日军偷袭珍珠港，太平洋战争爆发。十二月八日，日军进攻香港九龙，一时间，整个香港上空都是敌军轰炸机的轰鸣声和防空警报声。

眼看着周围很多朋友都逃回内地躲避，而萧红却已经因病卧床不起，当时端木打算带萧红从九龙经深圳再到东莞投奔已经离开香港回家乡结婚的袁大硕。袁大硕走前曾经和他们说过，如果香港局势出现问题，欢迎他们到他家避难，然而待到端木想到这件事的时候才发现，袁大硕走时本打算很快就回来，所以没给他们留下详细的地址和联络方式，而且他们两个东北人对广东话一窍不通，走到哪都可能直接被日本人认出来，所以去东莞的计划作废了。

这时骆宾基给端木打来电话向他辞行，说自己准备回内地去了，端木一人照顾萧红手忙脚乱，就请求骆宾基留下来一起照顾萧红。骆宾基本就是萧红弟弟张秀珂的朋友，并且十分仰慕萧红，于是他毫不犹豫地答应了端木的请求。当天，骆宾基来到端木和萧红的居所，第一次与萧红见面。

眼看着九龙即将沦陷，日本人的铁丝网近在眼前，束手无策的时候，于毅夫找到端木说自己定了一艘小船，今晚就要到香港岛去，让他们把东西准备好，晚上一起走。天黑以后，端木、骆宾基和于毅夫雇了两辆三轮车，拉着萧红到码头，几人坐上小船，次日清晨才上岸。

到了香港岛后,萧红被安排住进思豪酒店五楼张学良弟弟张学铭曾经包下来的空房间。将萧红安顿妥当后,端木称自己要出去打探情况,让骆宾基留下来照顾萧红,就和于毅夫离开了。

然而骆宾基也有自己的事情需要处理,他告诉萧红说自己要回九龙去抢救书稿。但骆宾基一走,萧红身边就真的没人了,于是她问道:"英国兵都在码头上戒严,你为什么冒险呢?"

"我要偷渡。"骆宾基说。

"那么你就不管你的朋友了吗?"萧红求助着。

"还有什么?我已经帮你安排好了。"

"你朋友的生命要紧还是你的稿子要紧?"

"那……我的朋友和我一样,可是我的稿子比我的生命还要紧。"

"那你就去。"萧红没有办法,将脸埋进被子里。

"我会连夜赶回来,绝不会把你摆在这里,从此不管了!"骆宾基解释着。

"那就很难说了!"

"怎么难说呢?"

"你听我说,好吗?你想,你真的能说回来就回来吗?这是战争呀!你听炮声这么激烈,你知道,九龙现在怎么样了?尤其是你的住所离码头那么远,坐巴士要坐二三十分钟,是太子道路底呀,那里是不是已经在巷战了?你怎么能冒这个险呢?……"

过了一会儿,萧红接着说:"你的眼光就表示你把我怎么来看的,这是我从前第一回见到你的时候,就感觉到的了。你也曾经把我当作一个私生活是浪漫式的作家来看的吧？你是不是在没有和我见面以前就站在萧军那方面不同情我？我知道，和萧军的分开是一个问题的结束，和端木又是另一个问题的开始。你不清楚真相，为什么就先以为是他对，是我不对呢？做人是不该这样对人粗莽……"

洛宾基没再说话，留了下来。

端木离开了几天都不见人影，骆宾基一直在萧红身边照顾着，萧红整日躺在酒店的床上，窗外是此起彼伏的爆炸声，流民四处逃窜。今时今日的景象不过是她在上海、武汉、重庆所经历过的一次重演罢了，然而这一次她却没有力量再一次踏上流浪的旅程。

萧红无以打发这寂寞的时光，便和骆宾基讲了很多很多往事，从她的童年到萧军，到创作。谈到了端木时，她突然说："我早就该和端木分开了，可是那时候我还不想回到家里去，现在我要在我父亲面前投降了，惨败了，丢盔弃甲的了。因为我的身体倒下来了，想不到我会有今天！"

萧红告诉骆宾基，端木曾经答应她会把她送回北平的三哥那里去，端木的话给了她希望，让她得以在病痛里继续支撑下去，然而这个憧憬看样子也要成为泡影了。

萧红接着说："端木是准备和他们突围的。他从今天起，就不来了，他已经和我说了告别的话。我不是已经说得很清楚吗？我要回到家乡去。你的责任是送我到上海。你是要去青岛吗？送我到许广平先生那里，你就算是给了我很大的恩惠。我不会忘记。有一天，我还会健健康康地出来。我还有《呼兰河传》的第二部要写……他嘛,各人有各人的打算,谁知道这样的人在世界上是想追求些什么?我们不能共患难。"

"我不理解,怎么和这样的人能在一块共同生活三四年呢?这不太痛苦吗!"骆宾基问道。

"我为什么要向别人诉苦呢!有苦,你就自己用手掩盖起来,一个人不能生活得太可怜了。要生活得美,但对自己的人就例外……筋骨若是痛得厉害了,皮肤流点血也就麻木不觉了。"

原来,和端木在一起的这两年,他的软弱、自私,他有意无意的冷淡和疏忽,萧红早就看在眼里,只是她再没有力气,也没有精神去计较这些了。

就在萧红和骆宾基说着话的时候,端木却回来了,还为萧红带来两个苹果。

端木过了这么多天才回来,萧红和骆宾基都很意外,萧红问道:"你不是准备突围吗?"

"小包都打起来了,等着消息呢!"端木边说,边把萧红的痰盂刷洗了,然而不久就又离开了。

晚上的时候,萧红给柳亚子打了一个电话,她愉快地笑着说:"我完全像好人似的了。我的精神很好。"

挂上电话,她向骆宾基愉快地说:"他听到我的声音,说:'你能打电话了呀!'他那个高兴的口气……在这样慌乱的时候,他还能注意到我的声音,说是从我的声音里就知道精神好了,这真是诗人的真挚。在这混乱时候,谁还能注意一个友人的声音呢?"

端木就这样时而出现时而消失,为着能够摆脱困境而四处奔波着,在萧红身边的时候,也尽心照顾着,只是突围的事也没再提起了。

十二月十八日,日军从香港北角登陆,一枚炮弹落在思豪酒店,整座大楼都震动了,酒店里的其他人早就都跑到防空洞去避难了,然而因为萧红无法行动,他们三个人就成了最后的住客。

骆宾基从外面回来时告诉端木,说看到很多人都往半山腰的空别墅里跑,那里应该是个不错的避难点。于是端木和骆宾基就扶着萧红往山上跑,路上端木想起周鲸文家也住在那附近,且地势更好一些,就让骆宾基先照顾萧红,自己去想办法把萧红转移到山上。后来他找到于毅夫,于毅夫花高价请来两个搬运工,用担架抬着萧红到了周鲸文家。

当时,周鲸文家几乎已经成了收容所,四面八方的人都来他家避难,环境很乱。周鲸文害怕萧红在这里会加重病情,就安排他们住进了格罗斯大酒店,然而酒店很快就被日军接管。

十二月二十四日,在周鲸文的帮助下,端木和骆宾基带着萧红转移到斯丹利街时代书店的书库,暂时安顿下来。

次日,港英政府投降,与日军签订占领合约,战火终于平息下来,街上稍微平静了一些,水电也渐渐恢复了,萧红的病情却一直在加重。

当时,有关方面安排东江纵队暗中保护滞留在香港的文化界人士撤离,萧红、端木等人的名字都在名单上。然而萧红的身体情况根本不允许她一同撤离,端木就陪她留了下来。而于毅夫、柳亚子等人都要先后离开了。

萧红与柳亚子关系一直很好，柳亚子离开前，萧红还让端木拿了一瓶没开封的鱼肝油送给他，为他践行。柳亚子走前十分放心不下萧红的病情，还给端木留下一笔钱以备不时之需。

端木拿着钱开始上街找医院，但很多医院都不营业了。而且因为日本人占领香港，港币和美金都不能用了，只有日本人发行的军票，但是端木手里根本没有军票。

端木找到香港最好的私立医院养和医院。他打听到医院最好的大夫叫李树魁，但是他当时事务缠身，端木就找到了他的弟弟李树培。李树培说："我可以给你介绍一个房间，但不要美金港币，只要军票。"端木必须得把这些钱都准备好，人家才允许萧红住院。

端木只好到大街上胡乱找了个兑换军票的，把身上所有的钱换成了几百元钱的军票，到医院里交了定金。医院里的事安排好了，端木赶快回到住处，和骆宾基一起把萧红接进养和医院。

经检查，李树培说萧红肺气管里有肿瘤，需要立刻开刀，端木听了很不认可，他知道结核病人不能开刀，因为开了刀伤口根本就没法愈合。他的二哥患脊椎结核，在协和医院开了刀，还是名医做的手术，结果在医院躺了八年，至今在病床上躺着呢。端木的哥哥虽说一直卧病不起，但好在还有协和医院那样的疗养环境，但是萧红在这种情况下，哪有给她安心养病的环境，所以端木不同意开刀。

李树培说："你是听我的，还是听你的？"

端木赶忙小心地说："当然是听大夫的。"

李树培说："那就签字吧。"

第二十一章 ※ 战火纷纷 无声告别

端木很犹豫，他始终觉得这个方案风险太大。

当时萧红每天都承受着憋气的折磨，按照李树培的说法，她憋气就是因为肿瘤堵住了气管。萧红求治心切，希望早日摆脱病痛缠绕，也并不考虑那么多，只觉得端木不愿意开刀就是不想照顾她了，就直接跟端木说："开刀有什么了不起的？别婆婆妈妈的了，你就签字吧！"

端木坚决地说："我不签！"

萧红急了，大声说："你不签，我签！"说着接过手术单自己签了字。

萧红签了字，医生便去准备手术了。

一九四一年一月十三日，萧红接受了喉咙手术，手术进行得很快，端木看着手术流血不多，医生做得也很利落，就放心了些。在萧红被推出手术室时，端木趁机溜进手术室，想看看从萧红气管里切出来的肿瘤，然而他只看到一堆带血的纱布、药棉。端木心里很慌张，他感觉事情不太对劲。

端木回到病房的时候，萧红已经躺在病床上了，脖子上缠着纱布，一根橡皮管从纱布中露了出来。

萧红用很低的声音对端木说："我胸疼，是不是我的胸？"

端木哽咽着说："对……"

萧红又轻声地说："我听到大夫说，没有肿瘤……"

端木愤怒地去找李树培理论，然而护士却告诉他："院长做完手术就走了，到哪儿去了我们也不知道。"

端木知道继续和医院纠缠下去没有用，只会耽误病情，于是他便打算将萧红转移到玛丽医院，看看还能不能想想办法。

手术后的黄昏，萧红躺在病床上，端木和骆宾基围坐在床边的酒精蒸气炉旁。萧红平静地低声说："人类的精神只有两种，一种是向上的发展，追求他的最高峰；一种是向下的，卑劣和自私……作家在世界上追求什么呢？若是没有大的善良，大的慷慨，譬如说，端木，我说这话你听着，若是你在街上碰见一个孤苦无告的讨饭的，袋里若是还有多余的铜板，就掷给他两个，不要想，给他又有什么用呢？他向你伸手，就给他。你不要管有用没有用，你管他有用没有用做什么？凡事对自己并不受多大损失，对人若有些好处的就该去做。我们的生活不是这世界上的获得者，我们要给予。"

萧红又说："我本来还想写些东西，可是我知道我就要离开你们了，留着那半部《红楼》给别人写去了……你们难过什么呢？人，谁有不死的呢？总要有死的那一天，你们能活到八十岁吗？生活得这样，身体又这样虚，死，算什么呢！我很坦然的。"

接着她安慰骆宾基说："不要哭，你要好好地生活，我也是舍不得离开你们呀！"

说着说着，萧红的眼睛湿润了，她又低声说："这样死，我不甘心……"

"我们一定挽救你。"端木坐在床侧，痛哭着说。

随后，端木到街上找车，这时香港的交通已断，从城里到玛丽医院来回八十里路，有汽车是很方便，但是汽车都被日本人征用了，要找汽车只有找日本人去。端木只好碰碰运气，希望能遇上一个还有人道主义思想的日本人,为了能快点把萧红送到玛丽医院,端木不惜暴露身份。

他看到两个日本记者在用英语交谈,就上前用英语说自己是作家端木蕻良,他的妻子是萧红,没想到对方竟然知道,了解情况后,两人把端木带到他们的办公室。原来他们是"朝日新闻社"的随军记者。

其中有一个叫小椋的人找来车,把萧红送到玛丽医院。玛丽医院接收了萧红,将她安排进病房,并表示会尽最大努力挽救。

随着病情加重,萧红气管里的痰越来越多,端木一次次给她吸痰,换药,喂她水和牛奶。萧红看到端木尽心的样子,很难不想到从前他连家务都不会做时的样子,她也不曾想,自己的病竟然能让这个一直长不大的男孩变成如今这个样子。

萧红虚弱地说道:"我对不起你,是我拖累了你,我们本来是可以和他们一起突围的,可因为我,你也没走成……"

端木握着萧红的手,没有说话。

十九日夜里,骆宾基醒来时,发现萧红醒着,她的嗓子已经失声,她关切地看着骆宾基,又微微笑着用手势朝他要笔。骆宾基找来一支笔递给萧红,她在白纸簿子上写道:"我将与蓝天碧水永处,留得那半部《红楼》给别人写了。"

看到她写完这几个字时,骆宾基连忙安慰:"你不要这样想,为什么……"萧红挥手示意不要拦阻她的思路,又写道:"半生尽遭白眼冷遇,……身先死,不甘,不甘。"然后掷笔微笑。

凌晨三点钟,萧红示意吃药,并吃了半个苹果。这时候,她由喉口的铜管呼吸,声带无力发音,然而神色很恬静,并在纸上写道："这是你最后和我吃的一个苹果了！"

二十一日早晨，萧红和端木、骆宾基谈话的时候，脸色红润，神情愉快，而且吃了半个牛肉罐头，嗓子竟也能发出声音来了，她说："我完全好了似的，从来没有吃得这样多。骆宾基，你坐下来抽支烟吧！没有火吗？"

骆宾基说不想抽烟，实际上确实是没有火。萧红说："我给你想法。"

端木阻止道："这些事你就不要操心，你养你的病好啦！"

萧红说："等一会儿，护士就来了。"她按过了床头上的电铃。

骆宾基说："你知道整个医院都没有人了。"

一月二十一日晚上，玛丽医院很快就被日军接管了，端木和骆宾基又送萧红到法国医院，法国医院的大夫很友好，然而很快也被日军接管。法国大夫在圣士提反教会女校设立了一个临时救护站，他表示萧红可以去那里住院，端木问大夫，萧红还有希望吗？他说："在这个情况下，我很难说这个话，假使在正常的情况下，她是有希望的，我可以保证这点。现在这个情况，我一点办法也没有，只能维持现状。我尽量把现有的好药都拿出来，使出我的最大本事。"

于是，萧红被连夜送进了圣士提反女校的临时救护站。然而二十二日早上六时，萧红就陷入了深度昏迷。

当天上午，萧红清醒过来，她让端木拿来纸笔，在纸上写着："我活不长了，我死后要葬在鲁迅先生墓旁。现在办不到，将来要为我办。现在我死了，你要把我埋在大海边，我要面向大海，

第二十一章　※　战火纷纷　无声告别

要用白毯子包着……"

端木强忍着眼泪,安慰萧红说:"你不会死的,等你病好了,我们一起回到内地去,我们还有好多东西要写呢……"

萧红的意识很清醒,接着在纸上写道:"你看,咱们是不是把《呼兰河传》的版税送给骆宾基,也算是给他的报酬吧。"

端木点点头说好。

随后,萧红再次昏迷,她仰脸躺着,脸色惨白,合着眼睛,头发披散着垂在枕后,但牙齿还有光泽,嘴唇还红,后来逐渐转黄,脸色也逐渐灰黯,喉管开刀处有泡沫涌出。

上午十点左右,萧红停止了呼吸,在寂静中离开了这个她无限眷恋的世界,终年三十一岁。

在战火纷飞的中国,萧红终于停下了她奔波的脚步,化作自由的飞鸟,挣脱了生命的牢笼,永远地向上飞去了。

一月二十四日,端木按照萧红的嘱托,把萧红裹在白色的毯子里送到当地的火葬场火化。在去火葬场的路上,端木看到萧红散落在毯子外的头发,便用随身携带的剪刀剪下一缕,揣在怀中以做纪念。

萧红的遗体火化后,端木买来两个挂釉的古董陶罐,将骨灰分别装了进去。一方面,他不想辜负萧红的遗愿,另一方面他又怕乱世里萧红的墓地可能遭到毁坏,战争结束时可能会无迹可寻,所以决定将骨灰分别埋在两个地方。

一月二十五日,端木和骆宾基一同来到浅水湾,两人找到一

inn earth 出品

地球旅馆

捧读文化　全国总经销
触及身心的阅读

出 品 人　张进步　程　碧

特约编辑　林香云
内文设计　捧读文化·李松

新浪微博　微信公众号

法律顾问　天津益清（北京）律师事务所　王彦玲

出版投稿、合作交流，请发邮件至：innearth@foxmail.com

了解新书，图书邮购、团购、采购等，请联系发行电话：010-85805570

个砖砌的花坛，没有铁锹，就用手和瓦片挖了一个深坑，将一坛骨灰埋了进去。端木跑到远处被炮火炸坏的更衣室旁捡了一块木板，用随身带来的毛笔写上"萧红之墓"立在了墓前，用土和石块压得牢牢的。

第二天，端木在一个当地学生的帮助下，将另一坛骨灰葬在了圣士提反女校东北方向的一棵小树下。

一月底，端木和骆宾基在王福时的帮助下离开香港前往澳门，经由澳门回到了桂林。

一九五七年，萧红葬在浅水湾的骨灰被迁到广州郊外的银河公墓。此后，端木又到圣士提反女校后山寻找另一坛骨灰，但是彼时那片山坡早已面目全非，端木的愿望也因此落空。

一九九二年，呼兰县政府在西岗公园建造萧红纪念碑，端木将那缕保存了五十年的头发献出，呼兰县政府用此缕青丝为萧红修建了一座青丝冢，端木为青丝冢题字"萧红之墓"。自此，飘零半生的萧红也终于算是魂归故里。

第二十一章 ※ 战火纷纷 无声告别